4주간 합격 완성 JLPT 문제집

필승합격 일본어능력시험
문자·어휘·문법
500문

마쓰모토 노리코·사사키 히토코

N3

머리말

일본어능력시험(JLPT)에서 고득점으로 합격하기 위해 일본어 학습자는 다양한 학습 방법과 참고서를 선택하고 있습니다.
이 책은 아래에 제시하는 편집 방침과 학습 방법 외에 가장 먼저 장점으로 들 수 있는 것은 핸디 사이즈로 제작하여 언제 어디서나 휴대하여 쉽게 문제 풀이 중심으로 학습할 수 있도록 하였다는 점입니다.
대부분의 책이 두텁게 편집되어 소지하고 다니기에 불편한 점을 감안하여 작고 가볍게 제작함으로써 소지하기 쉽도록 하는 데에 주안점을 두었습니다.

이 책의 특징은 다음과 같습니다.
◆이 책은 일본어능력시험 대비용으로 N4-N5, N3, N2. N1의 4권으로 구성하고 단계적으로 레벨에 맞게 공부할 수 있도록 시리즈 물로 편집하였습니다.
◆하루 20분, 4주 안에 각 레벨을 단기간에 자투리 시간에도 공부할 수 있게 하였습니다. 물론 집중적으로 공부하고자 하는 경우에는 그 분량을 배로 늘리면 2주에도 정리, 완성할 수 있을 것입니다.
◆문자·어휘·문법 분야를 균형 있게 학습할 수 있도록 각 페이지를 구성하여 종합적인 연습문제 풀이가 한 페이지 씩 가능하도록 하였습니다.
◆이미 많은 학습을 진행한 경우에는 미숙한 부분만 집중적으로 공부하는 방법으로 이용할 수 있도록 하였습니다. 이미 아는 문제는 체크하면서 모르는 부분만 반복적으로 학습하면 됩니다.

일본어 학습은 "배우기 보다 익숙해져라"라는 말이 있듯이 많은 문제를 반복적으로 계속 풀어가면서 능력을 기르시기 바랍니다.
이 책은 일본에서 일본어 학습지 출판사로 널리 알려진 '아스크출판'에서 발행한 '신 일본어 500문'을 한국어 판으로 새롭게 편집한 것입니다.
여러분의 JLPT 학습에 많은 도움이 되시기를 바랍니다.

2022년 3월 　㈜ 해외교육사업단

목 차

머리말 ·· 3

이 책의 사용법 ····························· 5

제1주 ··· 9
제2주 ·· 77
제3주 ······································· 145
제4주 ······································· 213

《자료》

◆ 한자 목록 ······························· 282

◆ 품사별 어휘 목록 ···················· 285

◆ 문형·문법 항목 목록 ·············· 290

이 책의 사용법

◆이 책은 문자, 어휘, 문법을 한 페이지씩 학습해 나가도록 편집되어 있습니다. 상단에는 문자, 가운데는 어휘, 하단에는 문법 문제가 있습니다.

◆종합적인 능력을 기르기 위해서는 문제 번호순으로 풀어 나가면 좋습니다. 하루에 5페이지 15문제 (3문제 X 5페이지) 씩 푸는 것으로 배정되어 있습니다. 1일째부터 6일째까지는 문자 30문제, 어휘 30문제, 문법 30문제, 합계 90문제를 풀게 됩니다. 7일째에는 그동안 학습한 것을 복습하는 의미에서 각 페이지당 문자 2문제, 어휘 2문제, 문법 2문제의 총 6페이지로 구성되어 전체적으로는 문자 12문제, 어휘 12문제, 문법 11문제, 합계 35문제가 수록되어 있습니다. 한 주의 학습을 마치면 각 주의 첫 페이지에 있는 집계표에 정답 수를 기입하십시오. 집계표는 3회분을 기입할 수 있도록 구성되어 있습니다. 반복하여 3회를 푸신다면 대부분의 문제는 기억되고 이해될 것입니다. 각 페이지의 문제 우측 하단에 3개의 □가 있으므로 3회의 OX를 표시하여 자신의 학습 이해도를 체크하고 정답 수를 카운트하여 집계표에 기입해 주십시오.

◆분야별로 집중해서 문제를 푸는 방법도 좋습니다. 예를 들면, 문제 번호순이 아니라 상단의 문자 문제만 먼저 풀고, 다음에는 가운데에 있는 어휘 문제만을 푸는 방식으로 공부할 수 있습니다. 물론 순서에 관계없이 하단의 문법 문제만을 먼저 풀어도 좋습니다.

자신의 약한 부분을 강화할 수 있도록 활용해 주십시오.

◆문제 페이지의 다음 페이지에서 정답을 확인하고 해설 부분을 읽음으로써 자신의 이해도를 심화하기 바랍니다. 한국어로 번역·해설하거나 일본어로 같은 의미의 표현을 제시·해설하는 경우도 있습니다.

◆후반부에 수록된 자료편의 활용도 빠트리지 마시기 바랍니다. 〈한자 목록〉에서는 이 책에 소개한 N3에 해당하는 모든 한자를 획수 별로 배열하였습니다. 이어서 〈품사별 어휘 목록〉에서는 N3에 해당하는 어휘를 품사별로 정리하였습니다. 또한 〈문형·문법 항목 목록〉에서는 N3 레벨의 모든 것을 정리하여 JLPT N3 시험에 대비한 총정리가 되도록 하였으므로 후반부의 자료편을 충분히 활용하시기 바랍니다.

◆ 정답과 해설은 문제의 다음 페이지에 있습니다.

 ~

왼쪽 페이지＝정답·해설

◆ 이것은 앞 페이지 문제에 대한 정답과 해설입니다.

◆ 첫째 줄에 정답과 문제의 완성문이 제시됩니다. 문제에 나오는 한자의 음독과 훈독 및 관련 단어를 제시합니다. 각각 어떻게 읽는지 확인하고 □ 속의 문자는 확실하게 눈에 익혀서 기억하시기 바랍니다.

◆ 첫째 줄에 정답과 문제의 완성문이 제시됩니다. 문제에 나오는 어휘에 대하여 각 표현법을 제시함으로써 관련 어휘도 익히도록 합니다.

◆ 첫째 줄에 정답과 문제의 완성문이 제시됩니다. 문제에 나오는 문법과 관련된 문법을 추가로 제시하고, 그에 해당하는 예문도 제시합니다.

정답

31 **4** これは夫がかいた港の絵です。
　　이것은 남편이 그린 항구 그림입니다.

문자
| 夫 | フ : 丈夫 튼튼
　　　　大丈夫 괜찮음 / 대장부 / 걱정없음
　　フウ : 夫婦 부부
　　おっと : 夫 남편
| 港 | コウ : 空港 공항
　　みなと : 港 항구
| 絵 | エ : 絵 그림

32 **2** では、また後ほどお電話いたします。
　　그러면 조금 후에 다시 전화하겠습니다.

어휘
| 後ほど | (のちほど) 조금 후 / 나중
| 間もなく | (まもなく) 곧
| しばらく | 잠깐 / 당분간 / 오래간만
| 先に | (さきに) 먼저

33 **1** 疲れていても練習は休みません。
　　피곤해도 연습은 쉬지 않습니다.

문법
～ても…/でも　～하여도
◆ 先生に聞いてもわからない。　선생님에게 물어봐도 모른다.
◆ 明日、雨でも行きます。　내일 비가 와도 가겠습니다.
＊의문사～ても／でも
◆ いくら運動をしてもやせない。　아무리 운동을 해도 살이 빠지지 않는다.

오른쪽 페이지=문제

문제 　　　　　　　　　　　　　　**3일째** **제1주**

◆ 이 문제의 정답은 다음 페이지에 있습니다.

◆ 정답을 확인하고 관련되는 해설을 참고하여 이해를 깊히도록 하시기 바랍니다.

34 電車が事故で<u>おくれました</u>。

1 割れました
2 送れました
3 遅れました
4 別れました

12 □□□

35 昨日、運動しすぎて、体の ＿＿＿＿ が痛いです。

1 あのへん
2 どこでも
3 あちこち
4 どこか

12 □□□

◆ 답이 맞았을 경우에는 ○표시 하고 틀렸을 경우에는 ×표시를 하여 3회에 걸쳐 문제를 풀고 틀리는 문제가 없어지도록 반복 학습하시기 바랍니다.

36 準備運動を ＿＿＿＿ 泳ぐと危険です。

1 さずに
2 しずに
3 されずに
4 せずに

12 □□□

7 일째

- 7 일째는 1~6일째의 복습입니다.

- 잘 모를 때는 → ⓧⓧ 의 문제를 보고 확인합시다.

- 정답은 다음 페이지 아래에 있습니다.

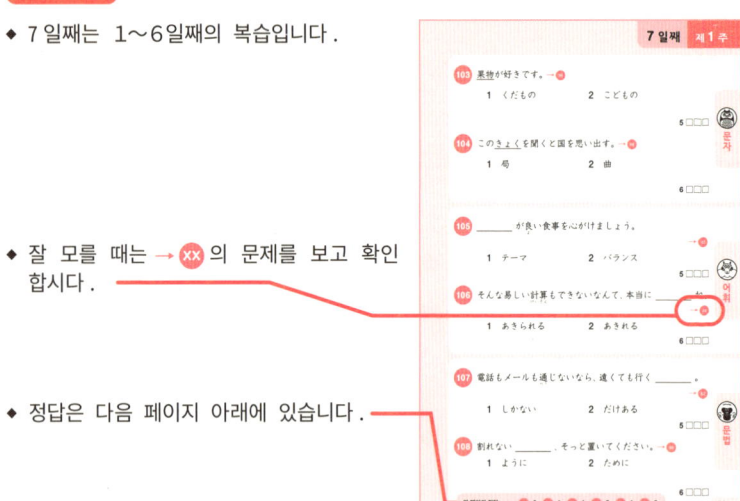

기호에 대하여

OK 정답이 될 만한 다른 표현을 소개하고 있습니다.

⇔ 반대어를 소개합니다.

= 거의 같은 의미의 표현을 소개하고 있습니다.

* 주의점과 설명 등을 소개하고 있습니다.

흔히 범할 수 있는 오류를 보여주고 있습니다.
사용하지 않도록 주의하십시오.

제 1 주

	1 ~ 6 일째	7 일째 (복습)
1회차	/ 30 문제	/ 12 문제
2회차	/ 30 문제	/ 12 문제
3회차	/ 30 문제	/ 12 문제

 문자

- 6 일째까지 마친 후 정답 수를 세어 기록합시다.
- 정답 수가 적은 분야가 있으면 다시 한 번 푼 후에 7 일째로 나아갑시다.
- 7 일째는 복습입니다. 다 마친 후 정답 수를 적고, 학습 효과를 확인합시다.

	1 ~ 6 일째	7 일째 (복습)
1회차	/ 30 문제	/ 12 문제
2회차	/ 30 문제	/ 12 문제
3회차	/ 30 문제	/ 12 문제

 어휘

	1 ~ 6 일째	7 일째 (복습)
1회차	/ 30 문제	/ 11 문제
2회차	/ 30 문제	/ 11 문제
3회차	/ 30 문제	/ 11 문제

 문법

_____ のことばに対し、ひらがなは漢字に、漢字はひらがなに直して、正しいものを選択肢から選びなさい。

_____ 의 단어에 대해 히라가나는 한자로, 한자는 히라가나로 고치고 바른 것을 선택지에서 고르시오.

_____ のところに何を入れますか。いちばんいいものを選択肢から一つ選びなさい。

_____ 에 무엇을 넣으면 좋은지 가장 적당한 것을 선택지에서 하나 고르시오.

_____ のところに何を入れますか。いちばんいいものを選択肢から一つ選びなさい。

_____ 에 무엇을 넣으면 좋은지 가장 적당한 것을 선택지에서 하나 고르시오.

문제

1일째 | **제1주**

1 郵便局の近くに引っ越したので便利です。

1 ゆうびんきょく
2 ゆびんきょく
3 ようべんきょく
4 よべんきょく

문자

1 □□□

2 荷物が届きましたが、それは私が注文したのと_____。

1 ちがかったです
2 まちがったです
3 ちがっていました
4 まちがえていました

어휘

1 □□□

3 子供のころ、この公園で遊んだ_____。

1 ことか
2 ことだ
3 ものか
4 ものだ

문법

1 □□□

정답

문자

1 **郵便局**の近くに引っ越したので便利です。

우체국 가까이에 이사하여 편리합니다.

郵	**ユウ**：郵便局 우체국
局	**キョク**：薬局 약국 テレビ局 TV 방송국
越	**こ(-す)**：引っ越す 이사하다

어휘

3 荷物が届きましたが、私が注文したものと**違っていました**。

짐이 도착하였습니다만 제가 주문한 것과 다릅니다.

《동사》**違う** 다르다　　**間違える** 틀리다

◆ 答えが**違う** 답이 틀리다　◆ 答えを**間違える** 답이 틀리다

《명사》**違い** 다름　　**間違い** 틀림

＊형용사는 아님!

◆ 習慣の**違い** 습관의 차이　◆ 漢字の**間違い** 한자의 틀림

문법

4 子供のころ、この公園で遊んだ**ものだ**。

어린 시절 이 공원에서 자주 놀았었다.

Vたものだ (=よくVした)(= 자주 V 했다)

＊회상하여 말한다

◆ 昔は、よく川で釣りを**したものだ**。

　예전에는 자주 강에서 낚시를 했었다.

◆ 学生時代は、よく朝まで**飲んだものだ**。

　학생 시절에는 자주 아침까지 마시곤했다.

문제

4 初めまして。リンと<u>もうします</u>。

1　由します
2　曲します
3　申します
4　直します

문자

2 □□□

5 夫とは大学のとき _____ 、卒業後すぐに結婚しました。

1　出会って
2　出会いして
3　出会いで
4　出会いにして

어휘

2 □□□

6 ゲームを _____ ばかりいないで、自然に親しんだらどうですか。

1　し
2　して
3　した
4　する

문법

2 □□□

정답

4

3 初めまして。リンと**申します**。

처음 뵙겠습니다. 린이라고 합니다.

| 初 | **ショ**: 最初 최초
| | **はじ** (-め/-めて): 初めに 우선 / 먼저・初めて 처음 / 비로소
| 申 | **もう** (-す): 申す 말하다
| 由 | **ユウ**: 理由 이유・自由 자유

5

1 夫とは大学のとき**出会って**、卒業後すぐに結婚した。

OK 出会い 만남

남편과는 대학 때 만나서 졸업 후 곧 결혼하였다.

《동사》**出会う** 만나다

◆ 友人と**出会う** 친구와 만나다

《명사》**出会い** 만남

◆ 友人との**出会い** 친구와의 만남

6

2 ゲームを**して**ばかりいないで、自然に親しんだらどうですか。

게임만 하지 말고 자연을 즐기는 것이 어떠세요?

V てばかりいる (= V だけをする)(=V 만을 하다)

◆ **食べてばかりいる**から、太るんですよ。

먹기만 하고 있어서 살이 찌는 거예요.

◆ 祖母は、寒いと**寝てばかりいる**。

할머니는 춥다고 누워만 계신다.

문제

1 일째 | **제 1 주**

7 財布が落ちていたので、交番に<u>届けた</u>。

1 つづけた
2 あずけた
3 とどけた
4 ほどけた

문자

3 □□□

8 うそを _____ はいけません。

1 ひいて
2 とって
3 うつして
4 ついて

어휘

3 □□□

9 _____ ありがとう。

1 手伝って
2 手伝う
3 手伝ったのは
4 手伝ってくれて

문법

3 □□□

정답

7

3 財布が落ちていたので、交番に届けた。

지갑이 떨어져 있어서 파출소에 신고했다.

문자

- サイ : 財布 지갑
- お (-ちる/-とす) : ～が落ちる ～가 떨어지다 · ～を落とす ～를 떨어트리다
- とど (-く/-ける) : ～が届く ～가 도착하다
  ～を届ける ～를 신고하다/보내주다

8

4 うそをついてはいけません。

거짓말을 해서는 안 됩니다.

어휘

- うそをつく 거짓말을 하다
- うつす
  - ◆ 席を移す 자리를 옮기다
  - ◆ ノートを写す 노트를 베끼다

9

4 手伝ってくれてありがとう。

도와주어서 고마워.

문법

V てくれてありがとう ～ 해 주어서 고마워
　　　　　　　　　　＊감사를 표할 때 「くれて」를 사용

◆ いい店を教えてくれてありがとう。
좋은 가게를 알려주어서 고마워.

◆ 日本語を直してくれてありがとう。
일본어를 고쳐주어서 고마워.

문제

10 向こうの和室でお茶とおかしをいただきましょう。

1 お菓子
2 お果物
3 お果子
4 お菓物

문자

4 ☐☐☐

11 これからそちらに _____ から、3時までには着くと思います。

1 むかえます
2 とどきます
3 まにあいます
4 むかいます

어휘

4 ☐☐☐

12 A「ここは写真を _____ いけないんだよ。」
B「あ、そうなんだ。」

1 とっちゃ
2 とるんじゃ
3 とんじゃ
4 とっちゃって

문법

4 ☐☐☐

정답

10 **1** 向こうの和室でお茶と**お菓子**をいただきましょう。

저쪽의 화실에서 차와 과자를 먹읍시다.

| 向 | **む**(-かう/-こう) : 向かう 향하다 / 가다
向かい 맞은 편・向こう 저쪽
| 菓 | **カ** : お菓子 과자
| 果 | **カ** : 結果 결과 *果物 과실 / 과일

11 **4** これからそちらに**向かいます**から、3時までには着くと思います。

지금부터 그쪽으로 가니까 3시까지는 도착할 것입니다.

向かう	(むかう)	◆ 会社に向かう 회사로 가다
迎える	(むかえる)	◆ お客さんを迎える 손님을 맞이하다
届く	(とどく)	◆ 手紙が届く 편지가 도착하다
間に合う	(まにあう)	◆ 授業に間に合う 수업에 늦지 않다

12 **1** A「ここは写真を**とっちゃ**いけないんだよ。」
　 B「あ、そうなんだ。」

A「여기는 사진을 찍으면 안돼요.」

B「아, 그렇구나.」

V ちゃいけない (= V てはいけない)(=V 해서는 안된다)

*축약형

◆ それ、**さわっちゃいけない**よ。 그것 만져서는 안돼요.

◆ そこに**入っちゃいけません**。 그곳에 들어가면 안돼요.

문제

1일째 | **제1주**

13 昔は、車の代わりに馬や牛が<u>荷物</u>を運んだりした。

1　みもつ
2　かもつ
3　にもつ
4　いもつ

문자

14 A「ごめんね。本当にごめん。」
　　B「そんなに ＿＿＿＿ いいよ。」

1　あいさつしなくても
2　あやまらなくても
3　ちゅういしなくても
4　おこらなくても

어휘

15 A「全部 ＿＿＿＿ ちゃおうか。」
　　B「明日の分、とっとこうよ。」

1　食べる
2　食べて
3　食べ
4　食べた

문법

정답

13

3 昔は、車の代わりに馬や牛が**荷物**を運んだりした。

옛날에는 자동차 대신에 말이나 소가 짐을 운반하기도 하였다.

昔	むかし: 昔 옛날 / 이전
馬	うま: 馬 말
荷	に: 荷物 짐

14

2 A「ごめんね。本当にごめん。」
B「そんなに**謝らなくても**いいよ。」

A「미안해. 정말 미안해.」

B「그렇게 사과하지 않아도 괜찮아.」

謝る	(あやまる) 빌다 / 사과하다
あいさつする	인사하다
注意する	(ちゅういする) 주의하다
怒る	(おこる) 화내다

15

3 A「全部**食べ**ちゃおうか。」
B「明日の分、とっとこうよ。」

OK 食べてしまおうか／とっておこうよ

A「전부 먹어버릴까?」B「내일 분 남겨두자.」

V ちゃう （=V てしまう）（=V 해버리다） ＊축약형

- バス、行っ**ちゃう**よ。早く早く。(＝行ってしまう)

  버스 가버린다니까. 빨리빨리.

V とく （=V ておく）（=V 해두다） ＊축약형

- 荷物はそこへ置い**といて**。（＝置いておいて）

  짐은 그곳에 놓아둬라.

20

문제　　　　　　　　　　　　　　2 일째　제 1 주

16 次の信号を左に<u>曲がって</u>ください。

　1　もがって
　2　みがって
　3　むがって
　4　まがって

문자

17 鉛筆に消しゴムをつけたのは、良い＿＿＿＿だと思う。

　1　アイデア
　2　チャンス
　3　バランス
　4　テーマ

어휘

18 あんなやり方ではうまく＿＿＿＿だろうと思う。

　1　いく
　2　いかない
　3　いこう
　4　いくまい

문법

정답

16 **4** 次の信号を左に**曲がって**ください。

다음 신호를 좌측으로 돌아 주십시오.

| 次 | **つぎ**: 다음
| 信 | **シン**: 信号 신호 · 信じる 믿다
| 曲 | **キョク**: 曲 곡
| | **ま** (-がる/-げる): 曲がる 굽다 / 돌다 · 曲げる 굽히다 / 구부리다

17 **1** 鉛筆に消しゴムをつけたのは、良い**アイデア**だと思う。

연필에 지우개를 단 것은 좋은 아이디어라 생각한다.

アイデア	아이디어
チャンス	찬스
バランス	밸런스
テーマ	테마

18 **2** あんなやり方ではうまく**いかない**だろうと思う。

저런 방법으로는 잘 안될 것이라 생각한다.

~だろうと思う (＝たぶん~と思う) (= 아마 ~ 라고 생각한다)

- パーティーに 50 人は集まる**だろうと思う**。
  파티에 50 명은 모일 것으로 생각한다.

- 外がうるさかったから、みんな眠れなかった**だろうと思います**。
  바깥이 시끄러워서 모두들 못 잤을 것이라 생각합니다.

19 まもなく電車が<u>まいります</u>。危ないですから、黄色い線まで下がってお待ちください。

1　入ります
2　参ります
3　着ります
4　回ります

20 A「試験はできた？」
B「うん、_____ わからなかったけど、だいたいできたよ。」

1　すべて
2　まあまあ
3　つぎつぎに
4　ところどころ

21 今年は、日本語能力試験のN3を _____ と思います。

1　受けよう
2　受けろう
3　受けるよう
4　受こう

정답

19

2 まもなく電車が**参ります**。危ないですから、黄色い線まで下がってお待ちください。

곧 전철이 옵니다. 위험하므로 노란 선까지 물러서 기다려 주십시오.

|参| **サン**：参加する 참가하다・参考書 참고서
まい(-る)：参る 가다 / 오다
|危| **キ**：危険な 위험한
あぶ(-ない)：危ない 위험하다
|線| **セン**：線 선・下線 하선 / 밑줄

20

4 A「試験はできた？」
B「うん、**ところどころ**わからなかったけど、だいたいできたよ。」

A「시험은 잘 쳤어?」
B「응, 군데군데 모르긴 해도 대체적으로 잘 쳤어.」

ところどころ	여기저기 / 군데군데
すべて	모두
まあまあ	그럭저럭 / 그저 그런대로
次々に	(つぎつぎに) 잇달아서

21

1 今年は、日本語能力試験のN3を**受けよう**と思います。

금년에는 일본어능력시험 N3을 치려고 생각합니다.

V ようと思う *의향형

◆ 今年は日本語の勉強をがんばろうと思う。
금년에는 일본어 공부를 열심히 하려고 생각한다.

◆ 明日からもっと早く起きようと思う。
내일부터 더욱 일찍 일어나려고 생각한다.

문제

2일째 | **제1주**

22 やり方は簡単です。心配は<u>要りません</u>。

1　ありません
2　おりません
3　たりません
4　いりません

문자

23 ぼくは英語は苦手だが、数学は _____ だ。

1　上手
2　得意
3　上等
4　高級

어휘

24 A「君、昨日来なかったね。」
　　B「_____ が…。」

1　行くつもりです
2　行くつもりません
3　行ったつもり
4　行くつもりでした

문법

정답

22 **4** やり方は簡単です。心配は**要りません**。

방법은 간단합니다. 걱정은 필요 없습니다.

簡	カン：簡単な 간단한
単	タン：簡単な 간단한
要	ヨウ：必要な 필요한
	い (-る)：要る 필요

---

23 **2** 僕は英語は苦手だが、数学は**得意**だ。

나는 영어를 잘하지 못하지만 수학은 잘한다.

得意な	(とくいな) 잘하는 ⇔ 苦手な 잘 못하는
上手な	(じょうずな) 능숙한 ⇔ 下手な 서투른
上等な	(じょうとうな) 훌륭한 / 고급스런
高級な	(こうきゅうな) 고급스러운

私はテニスが上手です

言わない！

---

24 **4** A「君、昨日来なかったね。」 A「너 어제 안왔었지.」

B「**行くつもりでしたが…**。」 B「갈려고 했습니다만 ...」

Vるつもりだった　(＝Vる予定だったが、(しなかった))

(=V 할 예정이었으나 (하지 않았다))

◆ そのテレビ番組を**見るつもりだった**のに、すっかり忘れていた。

그 TV 방송 프로그램을 볼 생각이었는데 완전히 잊고 있었다 .

◆ りんごを**買うつもりだった**のに、みかんを買ってきた。

사과를 살 생각이었으나 귤을 사 왔다 .

つもりません

言わない！

문제

2 일째 제1주

25 このざっしは、辞書があれば読める。

1 冊子
2 雑誌
3 冊誌
4 雑子

문자

26 隣の席が _____ ので、荷物をそこに置いた。

1 あいていた
2 のこっていた
3 すいていた
4 あまっていた

어휘

27 図書館の本を返す _____ 忘れていた。

1 には
2 のに
3 のを
4 もの

문법

정답

25 **2** この**雑誌**は、辞書があれば読める。

이 잡지는 사전이 있으면 읽을 수 있다.

문자

雑	**ザツ**：雑誌 잡지
誌	**シ**：雑誌 잡지
辞	**ジ**：辞書 사전・辞典 사전
	や (-める)：辞める 그만두다 / 사퇴하다

---

26 **1** 隣の席が**空いていた**ので、荷物をそこに置いた。

옆자리가 비어 있었기에 짐을 그곳에 두었다.

어휘

- **空く** (あく)　비다 ⇔ ふさがる 막히다 / 차다
- **残る** (のこる)　남다
- **すく**　한산하다 ⇔ 混む 붐비다
- **余る** (あまる)　남다

---

27 **3** 図書館の本を返す**の**を忘れていた。

도서관의 책을 반납하는 것을 잊고 있었다.

문법

~の （＝~こと／もの）

- **暑いの**は苦手です。（＝暑いこと）

  더운 것은 싫습니다.

- **いいの**を選んでください。（＝いいもの）

  좋은 것을 골라 주십시오.

문제

2 일째 　제 1 주

28 宿題を机の上に置いてきてしまった。

1 すくだい
2 しょくだい
3 しゅくだい
4 しくだい

문자

10 □□□

29 A「すみません、コーヒーのおかわりをお願いします。」
B「はい、＿＿＿＿＿＿＿。」

1 りょうかいいたします
2 おじゃまいたしました
3 しょうちいたします
4 かしこまりました

어휘

10 □□□

30 明日の面接試験＿＿＿＿＿＿＿気になって眠れない。

1 については
2 のことが
3 によって
4 だから

문법

10 □□□

정답

28 **3** <u>宿題</u>を<u>机</u>の<u>上</u>に<u>置</u>いてきてしまった。

숙제를 책상 위에 두고 와버렸다.

宿	シュク: 宿題 숙제・下宿 하숙
机	つくえ: 机 책상
置	お (-く): 置く 두다

29 **4** A「すみません、コーヒーのおかわりをお<u>願</u>いします。」
　　B「はい、**かしこまりました**。」

A「미안합니다. 커피 리필을 부탁합니다.」
B「네, 알겠습니다.」

| **かしこまりました** | (＝わかりました／<u>承知</u>しました／<u>承知</u>いたしました) |

　　　　　　　　　＊점원이나 사용인이 쓰는 말

| **了解する** | (りょうかいする) 양해하다 / 이해하다 |
| **おじゃまする** | 실례하다 |

30 **2** <u>明日</u>の<u>面接試験</u>**のこと**が<u>気</u>になって<u>眠</u>れない。

내일 면접시험이 마음에 걸려서 잠들지 못한다.

| **Nのこと** | N의 일 / N하는 일 |

◆ ニュースで<u>火事のこと</u>を<u>知</u>った。
　뉴스로 화재를 알았다.

◆ <u>彼のこと</u>が<u>好</u>きだ。
　그 사람을 좋아한다.

문제

31 これは夫がかいた<u>港</u>の絵です。

1　やまと
2　みやこ
3　ちまた
4　みなと

32 では、また _____ お電話いたします。

1　まもなく
2　のちほど
3　しばらく
4　さきに

33 _____ 練習は休みません。

1　疲れていても
2　疲れていては
3　疲れていると
4　疲れているから

정답

31

4 これは夫がかいた港の絵です。

이것은 남편이 그린 항구 그림입니다.

夫	フ: 丈夫 튼튼
	大丈夫 괜찮음 / 대장부 / 걱정없음
	フウ: 夫婦 부부
	おっと: 夫 남편
港	コウ: 空港 공항
	みなと: 港 항구
絵	エ: 絵 그림

32

2 では、また後ほどお電話いたします。

그러면 조금 후에 다시 전화하겠습니다.

後ほど	(のちほど)	조금 후 / 나중
間もなく	(まもなく)	곧
しばらく		잠깐 / 당분간 / 오래간만
先に	(さきに)	먼저

33

1 疲れていても練習は休みません。

피곤해도 연습은 쉬지 않습니다.

～ても…／でも ～하여도

- 先生に聞いてもわからない。　　선생님에게 물어봐도 모른다.
- 明日、雨でも行きます。　　내일 비가 와도 가겠습니다.

* 의문사～ても／でも

- いくら運動をしてもやせない。　　아무리 운동을 해도 살이 빠지지 않는다.

문제

34 電車が事故で<u>おくれました</u>。

1 割れました
2 送れました
3 遅れました
4 別れました

35 昨日、運動しすぎて、体の _____ が痛いです。

1 あのへん
2 どこでも
3 あちこち
4 どこか

36 準備運動を _____ 泳ぐと危険です。

1 さずに
2 しずに
3 されずに
4 せずに

정답

34 **3** 電車が事故で**遅れました**。

전철이 사고로 늦어졌습니다.

故	コ：事故 사고・故障する 고장나다
遅	おそ (-い)：遅い 늦다 おく (-れる)：遅れる 늦어지다
割	わ (-れる/-る)：〜が割れる 〜가 터지다 / 갈라지다 / 깨지다
	〜を割る 〜을 나누다 / 쪼개다

35 **3** 昨日、運動しすぎて、体の**あちこち**が痛いです。

어제 운동을 심하게 하여 몸의 여기저기가 아픕니다.

あちこち	여기저기
どこでも	어디라도
どこか	어딘가

36 **4** 準備運動を**せずに**泳ぐと危険です。

준비운동을 하지 않고 수영하면 위험합니다.

V ずに V （＝Vしないで V）（＝V하지 않고 V）

＊V<del>ない</del>ず　＊「する」는「せず」로 된다

- **食べずに**働く。（＝食べないで）

  먹지 않고 일한다.

- 学校に**行かずに**、一人で勉強する。（＝行かないで）

  학교에 가지 않고 혼자서 공부한다.

37 彼は卒業式に出ませんでした。

1　そっぎょうしき
2　そちぎょうしき
3　そつぎょうしき
4　そうぎょうしき

38 緊張しないで、＿＿＿＿＿＿話しましょう。

1　おもいついて
2　はりきって
3　おちついて
4　みなおして

39 A「なんて書いてあるの？」
　　B「危ない！＿＿＿＿＿＿って書いてあるんだよ。」

1　飛び出せ
2　飛び出して
3　飛び出そう
4　飛び出すな

정답

37 — 3 彼は**卒業式**に出ませんでした。
그는 졸업식에 참석하지 않았습니다.

문자

彼	**かれ**: 彼 그・彼ら 그들
	かの: 彼女 그녀
卒	**ソツ**: 卒業する 졸업하다
式	**シキ**: 入学式 입학식・卒業式 졸업식

---

38 — 3 緊張しないで、**落ち着いて**話しましょう。
긴장하지 말고 침착하게 이야기 합시다.

어휘

落ち着く (おちつく)	침착하다
思いつく (おもいつく)	생각나다
張り切る (はりきる)	긴장하다 / 힘이 넘치다
見直す (みなおす)	다시보다 / 재검토하다

---

39 — 4 A「なんて書いてあるの？」
B「危ない！**飛び出すな**って書いてあるんだよ。」

A「뭐라 쓰여있니?」 B「위험! 뛰어나가지 말라고 쓰여 있어.」

문법

V るな （＝V てはいけない）（＝V 해서는 안된다）

＊부정의 명령형

- あの部屋には**入るな**。（＝入ってはいけない）
  저 방에는 들어가지 마라.

- 運転する前に酒を**飲むな**。（＝飲んではいけない）
  운전하기 전에 술을 마시지 마라.

36

문제

40 紹介します。<u>つま</u>と息子です。

1　夫
2　妻
3　主人
4　家内

14 □□□

41 よくわかりません。もう少し_____ 説明してくださいませんか。

1　くわしく
2　きびしく
3　けわしく
4　よろしく

14 □□□

42 A「宝くじ_____ かなあ。」
　　B「お金のむだだよ。」

1　買うもの
2　買うこと
3　買おう
4　買うよう

14 □□□

정답

40 **2** 紹介します。妻と息子です。
소개합니다. 처와 아들입니다.

紹	**ショウ:** 紹介する 소개하다
介	**カイ:** 紹介する 소개하다
妻	**サイ:** 夫妻 부처 · ~夫妻 ~ 부처
	つま: 妻 처

---

41 **1** よくわかりません。もう少し**くわしく**説明してくださいませんか。
잘 모르겠습니다. 조금 더 상세하게 설명해 주시겠습니까?

くわしい	상세하다 / 자세하다
きびしい	엄하다
険しい	(けわしい) 험하다

---

42 **3** A「宝くじ**買おう**かなあ。」 A「복권 살까나.」
B「お金のむだだよ。」 B「돈만 버리지.」

~かなあ ~할까? (=~かどうかわからない) (=~할지 어떨지 모르겠다)

- 雨、降る**かなあ**。 비가 오려나?

~ないかなあ (= ① ~ないかどうか心配 ② ~なってほしい)
(= ① ~ 아닌지 어떤지 걱정 ② ~ 되기 바람)

- 雨、降ら**ないかなあ**。(=降るかどうか心配だ)
비 안올까?.(= 올지 어떨지 걱정이다)

- 早く夏休みになら**ないかなあ**。(=なってほしい)
빨리 여름방학이 안될까?(= 되기를 바란다)

문제

43 授業の予定が変わった。

1　じぎょう
2　ずぎょう
3　じゅうぎょう
4　じゅぎょう

44 スキーで _____ 足の骨を折ってしまった。

1　おちて
2　たおれて
3　ころんで
4　つぶれて

45 国へ帰っても、私達のことを _____ ほしい。

1　覚えて
2　覚えないで
3　忘れて
4　忘れないで

정답

43 **4** <u>授業</u>の予定が変わった。

수업 예정이 변경되었다.

문자

| 授 | ジュ : 授業 수업
| 定 | テイ : 予定 예정
| 変 | ヘン : 大変な 대단한・変な 이상한
| | か (-わる/-える) : 変わる 변하다・変える 변하게 하다

44 **3** スキーで<u>転んで</u>足の骨を折ってしまった。

스키에서 굴러서 다리를 골절해버렸다.

어휘

| 転ぶ | (ころぶ) 구르다
| 倒れる | (たおれる) 넘어지다
| つぶれる | 찌부러지다 / 무너지다

- 箱が**つぶれる** 박스가 찌부러지다
- 家が**つぶれる** 집이 무너지다

45 **4** 国へ帰っても、私達のことを<u>忘れないで</u>ほしい。

고향에 돌아가더라도 우리들을 잊지 않기를 바란다.

문법

| V てほしい | V하기를 바라다

- 明日、晴れて**ほしい**。 내일 맑기를 바란다.
- 友達に早く元気になって**ほしい**。 친구가 빨리 회복하기를 바란다.
- * 病気に負けないでほしい。(=負けてほしくない)

  병에 지지 않기를 바란다.(= 지지 않았으면 한다)

문제　　　　　　　　　　　　　　　　　4일째　제1주

46 彼女と結婚の約束をした。

1　よくそく
2　よっそく
3　やくそく
4　やっそく

16 □□□

47 ぼくは _____ で、姉が一人、兄が二人います。

1　ひとりっこ
2　すえっこ
3　ちょうなん
4　じなん

16 □□□

48 風邪がうつらない _____ 、マスクをします。

1　ために
2　ように
3　のそうに
4　とおりに

16 □□□

정답

46 **3** 彼女と結婚の**約束**をした。
그녀와 결혼 약속을 했다.

- 結 ケツ: 結婚 결혼
  - 結構な 괜찮은 / 훌륭한
    - いいえ、結構です。 아니, 괜찮습니다.
- 婚 コン: 結婚 결혼
- 束 ソク: 約束 약속

---

47 **2** 僕は**末っ子**で、姉が一人、兄が二人います。
저는 막내로서 누나가 한 명, 형이 둘입니다.

末っ子	(すえっこ) 막내
一人っ子	(ひとりっこ) 외둥이
長男	(ちょうなん) 장남 ＊長女 장녀
次男	(じなん) 차남

＊次女 차녀
＊三男 삼남・四男 사남・三女 삼녀・四女 사녀

---

48 **2** 風邪がうつらない**ように**、マスクをします。
감기가 옮지 않도록 마스크를 합니다.

V ないよう(に) (= V ると困るから)(= V 하면 곤란하니까)

- 忘れ**ないように**メモをする。
  잊지 않도록 메모를 한다.

- 眠くなら**ないように**コーヒーを飲む。
  졸리지 않도록 커피를 마신다.

문제

49 船より<u>ひこうき</u>のほうが速い。

1 飛高機
2 飛行機
3 引行機
4 引高機

50 この野菜は _____ 食べられません。ゆでるか焼くかしてください。

1 むいては
2 まま では
3 なま では
4 にては

51 忙しくて寝る時間 _____ ないのに、遊びに行けるわけがない。

1 でも
2 ほど
3 さえ
4 だけ

정답

49 **2** 船より**飛行機**のほうが速い。

배보다 비행기 쪽이 빠르다.

船	**ふね**：船 배
飛	**ヒ**：飛行機 비행기・飛行場 비행장
	と (-ぶ)：飛ぶ 날다
機	**キ**：機械 기계・機会 기회

50 **3** この野菜は**生では**食べられません。ゆでるか焼くかしてください。

이 야채는 생으로는 먹을 수 없습니다. 삶거나 굽거나 해 주십시오.

生	(なま) 생
むく	벗기다
煮る	(にる) 익히다 / 조리다 / 끓이다
ゆでる	데치다 / 삶다

51 **3** 忙しくて寝る時間**さえ**ないのに、遊びに行けるわけがない。

바빠서 잠잘 시간 조차 없는데 놀러 갈 수 있을 리가 없다.

N (で) さえ～　(＝N (で) も～)　＊N이 ~이므로 기타는 물론

- 彼らは今日食べるパン**さえ**ないんです。(＝パンも)
  그들은 오늘 먹을 빵도 없습니다.

- こんな簡単な問題、**子供でさえ**わかる。(＝子供でも)
  이렇게 간단한 문제는 아이들도 알 수 있다.

44

문제

52 大学で<u>美術</u>を勉強しています。

1 ぎじつ
2 ぎじゅつ
3 びじつ
4 びじゅつ

53 A「スニーカーのひもがほどけているよ。」
B「ほんとだ。_____ から待(ま)って。」

1 ぬく
2 くっつける
3 むすぶ
4 ぬう

54 A「ちょっとお茶(ちゃ)でも飲(の)んで休(やす)もうか。」
B「お茶(ちゃ)なんか要(い)らない。_____ なんかいられないよ。」

1 休(やす)んで
2 休(やす)む
3 休(やす)み
4 休(やす)んだ

정답

52 **4** 大学で**美術**を勉強しています。

대학에서 미술을 공부하고 있습니다.

문자

美	ビ：美術 미술・美術館 미술관
	うつく (-しい)：美しい 아름답다
術	ジュツ：技術 기술・手術 수술
技	ギ：技術 기술

---

53 **3** A「スニーカーのひもがほどけているよ。」

B「ほんとだ。**結ぶ**から待って。」

A「운동화 끈이 풀어져 있어요.」

B「그렇네. 묶을 테니 기다려.」

어휘

結ぶ	(むすぶ) 묶다 ◆ひもを結ぶ 끈을 묶다 ⇔ ほどく 풀다
くっつける	붙이다 / 들러붙게 하다
抜く	(ぬく) 뽑다 / 빼다
ぬう	꿰메다

---

54 **1** A「ちょっとお茶でも飲んで休もうか。」

B「お茶なんか要らない。**休んで**なんかいられないよ。」

A「잠깐 차라도 마시고 쉴까?」

B「차 같은 거 필요 없어. 쉬고 있을 수는 없어.」

문법

N なんか/など ＊N을 평가하지 않음

◆ **勉強なんか**したくない。 공부 따위 하고 싶지 않아.

◆ **結婚など**考えておりません。 결혼 따위는 생각하고 있지 않습니다.

V てなんか ＊V를 부정

◆ **泣いてなんか**いないよ。 울고 있는 건 아니야.

46

문제

4 일째 | **제1주**

55 橋を<u>わたって</u>、二つ目の角を右へ曲がると郵便局があります。

1 渡って
2 通って
3 進って
4 沿って

56 車の事故にあったが、＿＿＿＿＿ よかった。

1 気をつけて
2 いいかげんで
3 お気の毒で
4 大したことがなくて

57 考えてもどうにもならない。忘れる ＿＿＿＿＿ 。

1 しかない
2 だけない
3 からない
4 こそない

정답

55 **1** 橋を<u>渡って</u>、二つ目の角を右へ曲がると郵便局があります。

다리를 건너서 두 번째 모퉁이를 오른쪽으로 돌면 우체국이 있습니다.

| 橋 | キョウ：歩道橋 육교 |
| はし：橋 다리 |
| 渡 | わた (-る/-す)：渡る 건너다・渡す 건네다 |
| 角 | カク：三角 삼각・四角 사각 |
| かど：角 모퉁이 / 모서리 |

---

56 **4** 車の事故にあったが、<u>大したことがなくて</u>よかった。

자동차 사고가 있었으나 별일 없어서 다행이었다.

| **大したことがない** | (たいしたことがない) 별일 없다. |

| **いいかげんな** | ◆ **いいかげんに**返事をする
적당히 대답을 하다

◆ **いいかげんに**しなさい！
적당히 하라고! |

| **気の毒な** | (きのどくな) 딱한 / 불쌍한

◆ お**気の毒**に。불쌍하게도 / 딱하게도 |

---

57 **1** 考えてもどうにもならない。忘れる<u>しかない</u>。

생각해 봐도 어쩔 수 없다. 잊을 수 밖에 없다.

V しかない (＝V るほかに方法がない)(＝V 할 수 밖에 방법이 없다)

◆ もうバスはない。<u>歩くしかない</u>。
이미 버스는 없다. 걸을 수 밖에 없다.

◆ だれもいない。私が<u>やるしかない</u>。
아무도 없다. 내가 할 수 밖에 없다.

◆ 高くても必要な物は<u>買うしかない</u>だろう。
비싸도 필요한 물건은 살 수 밖에 없을 것이다.

문제

58 <u>残念</u>ですが、パーティーに出席できません。

1 さんれん
2 ざんれん
3 ざっねん
4 ざんねん

59 ＿＿＿＿＿が、どうぞお入(はい)りください。

1 片付(かたづ)けられません
2 散(ち)らかっています
3 きれいにしません
4 汚(よご)れてきます

60 A「浅草(あさくさ)＿＿＿＿＿、何(なに)を思(おも)い浮(う)かべますか。」
B「雷門(かみなりもん)、神輿(みこし)、そしてスカイツリーかな。」

1 として
2 というと
3 といっても
4 といっては

정답

58

4 残念ですが、パーティーに出席できません。

아쉽지만 파티에 출석할 수 없습니다.

残 ザン：残念な 유감스러운 / 아쉬운

のこ (-る/-す)：~が残る ~가 남다
~を残す ~을 남기다

念 ネン：残念な 유감스러운 / 아쉬운・記念 기념

席 セキ：席 자리・出席する 출석하다 ⇔ 欠席する 결석하다

59

2 散らかっていますが、どうぞお入りください。

어질러져 있습니다만 들어오십시오.

散らかる	(ちらかる)	◆ 部屋が散らかる 방이 어질러져 있다
片付ける	(かたづける)	◆ 部屋を片付ける 방을 치우다
汚れる	(よごれる)	◆ 洋服が汚れる 양복이 더러워지다

60

2 A「浅草というと、何を思い浮かべますか。」 OK といったら

B「雷門、神輿、そしてスカイツリーかな。」

A「아사쿠사라 하면 무엇이 생각나세요?」

B「카미나리몬, 미코시, 그리고 스카이트리일까」

~というと／と言えば ~라고 하면 /~ 라면

◆ 京都というと、お寺や着物をイメージします。
교토라고 하면 절이나 기모노를 떠올립니다.

◆ 日本の料理と言えば、すし、すきやき、天ぷらでしょう。
일본 요리라고 하면 스시, 스키야키, 텐푸라이지요.

문제

61 自動販売機を使いたいので、1万円札を<u>細かく</u>してくれませんか。

1 こまかく
2 みじかく
3 ほそかく
4 やわらかく

62 この店の一日の ＿＿＿＿＿ は、約10万円です。

1 売り場
2 売り上げ
3 売り切れ
4 売り出し

63 隅田川 ＿＿＿＿＿ 花火大会が行われるため、交通機関は混雑するでしょう。

1 について
2 によって
3 にあたって
4 において

정답

61

1 自動販売機を使いたいので、1万円札を**細かく**してくれませんか。

자동판매기를 이용하고 싶으니까 1만 엔 지폐를 잔돈으로 주시겠습니까?

문자

|販| ハン：販売する 판매하다
|札| サツ：千円札 천 엔 지폐
　　　　改札口 개찰구
|細| ほそ (- い)：細い 가늘다　 こま (- かい)：細かい 잘다

62

2 この店の一日の**売り上げ**は、約10万円です。

이 가게의 하루 매출은 약 10만 엔 입니다.

어휘

|売り上げ| (うりあげ)　매출
|売り場| (うりば)　매장
|売り切れ| (うりきれ)　매진
|売り出し| (うりだし)　세일

63

4 隅田川**において**花火大会が行われるため、交通機関は混雑するでしょう。

스미다 강에서 불꽃놀이가 실시되므로 교통기관이 혼잡할 것입니다.

문법

|N において| (= N で)(=N 에서)

◆ 市民文化センターにおいて、交流会が開かれます。
시민문화센터에서 교류회가 열립니다.

|N における| (= N での)(=N 에서의)

◆ 上野公園における花見会にご参加ください。
우에노공원에서의 꽃구경에 참가해 주십시오.

문제

5 일째 | **제 1 주**

64 うちは普通の家ですが、世界各国からいろんな人が<u>とまり</u>にきます。

1 足まり
2 泊まり
3 通まり
4 止まり

22 □□□

65 ＿＿＿＿＿＿、たくさん召し上がってください。

1 失礼して
2 遠慮せずに
3 謙そんせずに
4 承知して

22 □□□

66 地震＿＿＿＿＿＿ニュースをお伝えいたします。

1 に関する
2 に対する
3 に反する
4 に先立つ

22 □□□

정답

64 **2** うちは普通の家ですが、世界各国からいろんな人が泊まりに来ます。

우리 집은 보통 가정이지만 세계 각국에서 여러 사람이 숙박하러 옵니다.

문자

| 普 | フ : 普通 보통・普段 평소
| 各 | カク : 各駅 각역・各国 각국

おのおの : 各 각각 / 각자 *「各々」라고도 쓴다

| 泊 | ハク : 宿泊する 숙박하다・1泊, 2泊, 3泊… 1박, 2박, 3박

と(-まる/-める) : 泊まる 숙박하다・泊める 숙박시키다

---

65 **2** <u>遠慮せずに</u>、たくさん召し上がってください。

사양 말고 많이 드시기 바랍니다.

어휘

遠慮する (えんりょする) 사양하다

失礼する (しつれいする) 실례하다

◆ A「どうぞお入りください。」 B「失礼します。」
A「어서 들어오십시오.」 B「실례합니다.」

*失礼な 실례스러운

謙そんする (けんそんする) 겸손하다

承知する (しょうちする) 양지하다

◆ 承知しました。(=わかりました) 양지하였습니다 (= 알았습니다.)

---

66 **1** 地震<u>に関する</u>ニュースをお伝えいたします。

지진에 관한 뉴스를 전해드리겠습니다.

문법

N に関して (= N について)(=N 에 관하여)

◆ この問題に関して、ご意見がありましたら、どうぞ。
이 문제에 관하여 의견이 있으시면 부탁합니다.

N に関する (= N についての)(=N 에 관한)

◆ 日本語能力試験に関する情報を集める。
일본어능력시험에 관한 정보를 수집한다.

문제

67 店をきれいにしたら、以前に比べて、女性客が増えた。

1 ひらべて
2 くらべて
3 ならべて
4 こらべて

68 ぼくは、毎朝、風呂場で_____をそります。

1 ひじ
2 はげ
3 かび
4 ひげ

69 お盆休みのラッシュ_____事故まで起こり、高速道路はひどい渋滞になった。

1 にくらべて
2 にくわえて
3 にかけて
4 にさいして

정답

67 **2** 店をきれいにしたら、以前に比べて、女性客が増えた。
가게를 깨끗하게 했더니 이전에 비해 여성 손님이 늘었다.

문자

| 比 | **ヒ**：比較する 비교하다
| | **くら** (-べる)：比べる 비교하다
| 性 | **セイ**：男性 남성・女性 여성・性別 성별・性能 성능
| 客 | **キャク**：客 손님・乗客 승객

---

68 **4** 僕は、毎朝、風呂場で**ひげ**をそります。
저는 매일 아침 목욕탕에서 수염을 깎습니다.

어휘

| **ひげ** | 수염
◆ **ひげ**が生える 수염이 자라다
| **ひじ** | 팔꿈치
| **はげ** | 대머리
| **かび** | 곰팡이
◆ **かび**が生える 곰팡이가 피다

---

69 **2** お盆休みのラッシュに加えて事故まで起こり、高速道路はひどい
渋滞になった。　*오봉 = 백중 맞이 (일본에서는 양력 8 월 15 일 전후)
오봉 휴가의 혼잡에 더하여 사고까지 발생해서 고속도로는 심한 정체가 되었다.

문법

~に加えて　~ 에 대하여 (=~、その上)(=~, 그 위에)

◆ 兄は頭のいいのに加えて、スポーツもよくできる。
　형은 머리가 좋은 것에 더하여 스포츠도 잘 한다 .

~に比べて　~ 에 비하여

◆ 兄に比べて 弟 は成績もよくないし、運動も苦手だ。
　형에 비하여 남동생은 성적도 좋지 않고 운동도 서툴다 .

70 彼女はいつも助けてくれる<u>やさしい</u>人です。

1 難しい
2 易しい
3 優しい
4 美しい

71 7月_____には、梅雨も 明けるでしょう。

1 中旬
2 中間
3 中心
4 中央

72 ご主人様に、どうぞよろしく _____ ください。

1 お伝え
2 お伝えて
3 お伝えして
4 お伝えられ

정답

70 **3** 彼女はいつも助けてくれる**優しい人**です。

그녀는 언제나 도움을 주는 자상한 사람이다.

| 助 | ジョ：助手 조수
  たす (-かる/-ける)：助かる 도움받다・助ける 도움주다
| 優 | ユウ：優秀な 우수한・俳優 배우
  優先席 우선석
  やさ (-しい)：優しい 상냥하다 / 자상하다　すぐ (-れた)：優れた 뛰어난
| 易 | エキ：貿易 무역　イ：安易な 안이한
  やさ (-しい)：易しい 쉽다

71 **1** 7月**中旬**には、梅雨も明けるでしょう。

7월 중순에는 장마도 그칠 것입니다.

中旬 (ちゅうじゅん) 중순

　＊初旬 초순 / 上旬 상순
　＊下旬 하순

中間 (ちゅうかん) 중간　◆ **中間試験** 중간시험

中心 (ちゅうしん) 중심　◆ 円の**中心** 원의 중심

中央 (ちゅうおう) 중앙　◆ 町の**中央** 마을의 중앙

72 **1** ご主人様に、どうぞよろしく**お伝え**ください。

남편분에게 아무쪼록(안부) 잘 전해 주십시오.

おV ください　(=V てください)(=V 해 주십시오)　＊존경어

◆ **お入りください**。(=入ってください)

　들어오십시오.

◆ こちらに**おかけください**。(=ここにかけてください)

　이쪽에 앉아 주십시오.

◆ 少々**お待ちください**。(=ちょっと待ってください)

　잠깐 기다려 주십시오.

문제

5 일째 **제 1 주**

73 <u>再来週</u>、面接試験を受けます。

1　さらいしゅう
2　さいらいしゅう
3　せらいしゅう
4　せいらいしゅう

문자

74 一度できなくても _____ いけません。もう一度やってみましょう。

1　あきては
2　あきれては
3　あきらめては
4　あきられては

어휘

75 あいさつの仕方は、時と場所、相手 _____ 違います。

1　によって
2　にとって
3　において
4　について

문법

정답

73

1 <u>再来週</u>、面接試験を受けます。

다다음 주 면접시험을 봅니다.

再	**サイ**:再利用する 재이용하다　**サ**:再来週 다다음 주
	ふたた(-び):再び 다시
接	**セツ**:接続する 접속하다・直接 직접・面接 면접
受	**ジュ**:受験する 수험하다 / 응시하다
	受信する 수신하다 ⇔ 送信する 송신하다
	う(-ける):受ける 받다

74

3 一度できなくても<u>あきらめては</u>いけません。もう一度やってみましょう。

한 번 안되어도 포기하면 안 됩니다. 다시 한 번 해 봅시다.

あきらめる	포기하다
あきれる	기가 막히다 / 놀라다 / 어이없다
あきる	싫증나다 / 물리다

75

1 あいさつの仕方は、時と場所、相手<u>によって</u>違います。

인사하는 법은 때와 장소, 상대에 따라 다릅니다.

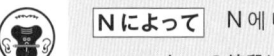 N에 따라서

◆ コーヒーの値段は<u>店によって違</u>う。
커피 가격은 가게에 따라 다르다.

◆ <u>天気は場所によって違</u>います。
날씨는 장소에 따라 다릅니다.

◆ <u>言葉は時代によって変</u>わります。
말은 시대에 따라 변합니다.

문제

76 <u>君</u>は熱心な学生だから、きっと試験に合格するでしょう。

1 くん
2 あなた
3 かみ
4 きみ

77 あの人とは同じクラスなんですが、口を _____ ことがありません。

1 かけた
2 だした
3 きいた
4 さげた

78 A「おかしいなあ、10個 _____ はずなのに。」
B「あ、ごめん、1個食べちゃった。」

1 買う
2 買わない
3 買った
4 買わなかった

정답

76 **4** <ruby>君<rt>きみ</rt></ruby>は<ruby>熱心<rt>ねっしん</rt></ruby>な<ruby>学生<rt>がくせい</rt></ruby>だから、きっと<ruby>試験<rt>しけん</rt></ruby>に<ruby>合格<rt>ごうかく</rt></ruby>するでしょう。

너는 열심히 하는 학생이므로 반드시 시험에 합격할 것이다.

문자

君	**クン**: ~<ruby>君<rt>くん</rt></ruby> ~ 군
	きみ: <ruby>君<rt>きみ</rt></ruby> 너 / 자네
熱	**ネツ**: <ruby>熱<rt>ねつ</rt></ruby>・<ruby>熱心<rt>ねっしん</rt></ruby>な 열 · 열심인 / 열심히 하는
	あつ (-い): <ruby>熱<rt>あつ</rt></ruby>い 뜨겁다
格	**カク**: <ruby>合格<rt>ごうかく</rt></ruby>する 합격하다

---

77 **3** あの<ruby>人<rt>ひと</rt></ruby>とは<ruby>同<rt>おな</rt></ruby>じクラスなんですが、<ruby>口<rt>くち</rt></ruby>を<u>利<ruby>き<rt></rt></ruby>いた</u>ことがありません。

저 사람과는 같은 반이지만 말한 적이 없습니다.

어휘

《신체 부위의 명칭을 사용한 관용구》

- <ruby>口<rt>くち</rt></ruby>を<ruby>利<rt>き</rt></ruby>く (=<ruby>話<rt>はな</rt></ruby>す) 말하다 / 대화하다
- <ruby>口<rt>くち</rt></ruby>にする (=<ruby>食<rt>た</rt></ruby>べる / <ruby>話<rt>はなし</rt></ruby>をする) 먹다 / 이야기하다
- <ruby>耳<rt>みみ</rt></ruby>にする (=<ruby>聞<rt>き</rt></ruby>く) 듣다
- <ruby>耳<rt>みみ</rt></ruby>が<ruby>遠<rt>とお</rt></ruby>い (=<ruby>耳<rt>みみ</rt></ruby>がよく<ruby>聞<rt>き</rt></ruby>こえない) 귀가 잘 들리지 않는다
- <ruby>頭<rt>あたま</rt></ruby>にくる/<ruby>腹<rt>はら</rt></ruby>が<ruby>立<rt>た</rt></ruby>つ (=<ruby>怒<rt>おこ</rt></ruby>っている) 화가 난다

---

78 **3** A「おかしいなあ、10<ruby>個<rt>こ</rt></ruby><ruby>買<rt>か</rt></ruby>ったはずなのに。」

B「あ、ごめん、1<ruby>個<rt>こ</rt></ruby><ruby>食<rt>た</rt></ruby>べちゃった。」

A「이상하네. 10개 샀을 텐데.」 B「아 미안. 1개 먹어버렸어.」

문법

~はず ~ 텐데 /~ 일 것이다

- 10<ruby>年<rt>ねん</rt></ruby>も<ruby>日本<rt>にほん</rt></ruby>にいるなら、<ruby>日本語<rt>にほんご</rt></ruby>が<ruby>上手<rt>じょうず</rt></ruby>な**はず**だ。

  10 년이나 일본에 있다면 일본어를 잘 텐데 .

- あの<ruby>子<rt>こ</rt></ruby>は<ruby>今年<rt>ことし</rt></ruby><ruby>二十歳<rt>はたち</rt></ruby>の**はず**だ。 저 아이는 금년에 20 세일 것이다 .

* ~はず (が/は) ない (=<ruby>絶対<rt>ぜったい</rt></ruby>に~ない) ~일리가 없다 (=절대로~가 아니다)

- <ruby>来<rt>く</rt></ruby>るはず (が/は) ない。 올 리가 없다

62

문제

79 石けんが 12 <u>こ</u>、入っています。

1　個
2　台
3　枚
4　故

80 田中さんは、よく笑う _____ 人です。

1　あわただしい
2　おとなしい
3　まぶしい
4　ほがらかな

81 A「あのう、すみませんが、道を教えて _____ 。」
　　 B「いいですよ。」

1　いただけませんか
2　いただきませんか
3　いただきでしょうか
4　いただいてでしょうか

정답

79

1 石けんが 12 **個**、入っています。

비누가 12개 들어 있습니다.

石	セキ：石油ストーブ 석유 스토브
	石けん 비누
	いし：石 돌
個	コ：1個、2個… 1개, 2개...
枚	マイ：1枚、2枚… 1장, 2장...

문자

80

4 田中さんは、よく笑う**ほがらかな人**です。

다나카 씨는 잘 웃는 명랑한 사람입니다.

ほがらかな	명랑한
あわただしい	어수선하다 / 분주하다
おとなしい	온순하다 / 얌전하다
まぶしい	눈부시다

어휘

81

1 A「あのう、すみませんが、道を教えて**いただけませんか**。」
   B「いいですよ。」

A「저 죄송하지만 길을 가르쳐 주시겠습니까?」 B「그러겠습니다.」

V ていただけませんか　＊「V てもらえませんか」보다 정중

◆ ペンを貸し**ていただけませんか**。

　펜을 빌려 주시겠습니까?

◆ ご住所とお名前を書い**ていただけませんか**。

　주소와 이름을 써 주시겠습니까?

문법

문제

82 あのお寺の庭は、みどりが多くて<u>静か</u>です。

1. にぎやか
2. ゆたか
3. しずか
4. のどか

83 新幹線は、乗車 _____ だけでなく、特急 _____ が必要だ。

1. 券／券
2. 札／札
3. 紙／紙
4. 賃／賃

84 こちらで _____ お待ちください。

1. おかけして
2. おかけになって
3. おかけて
4. おかけされて

정답

82 **3** あのお寺の庭は、みどりが多くて**静か**です。

저 사찰의 정원은 녹음이 많고 조용합니다.

|寺| **てら**：寺 절 / 사찰
|庭| **テイ**：家庭 가정
　　にわ：庭 정원
|静| **しず** (-か)：静かな 조용한

---

83 **1** 新幹線は、**乗車券**だけでなく、**特急券**が必要だ。

신칸센은 승차권만이 아니라 특급권이 필요하다.

～券 (～けん)
- **定期券** 정기권
- **入場券** 입장권
- **乗車券** 승차권
- **特急券** 특급권

～賃 (～ちん)
- **乗車賃** 승차운임
- **電車賃** 전철운임

---

84 **2** こちらで**おかけになって**お待ちください。

이쪽에서 앉아서 기다려 주십시오.

おVになる ＊존경어

- これは先生が**お書きになった**本です。（＝先生が書いた）

  이것은 선생님이 쓰신 책입니다. (= 선생님이 쓴)

おVする ＊겸양어

- 重そうなお荷物ですね。**お持ちしましょうか**。（＝私が持ちます）

  무거워 보이는 짐이네요. 들어 드릴까요? (= 제가 들겠습니다)

문제

85 皆様によろしく<u>お伝え</u>ください。

1 おつだえ
2 おつたえ
3 おだつえ
4 おたつえ

86 ご注文の品物は、明日 ＿＿＿＿＿＿ お届けいたします。

1 確かに
2 確か
3 急ぎに
4 急に

87 A「お客様、何に ＿＿＿＿＿＿ 。」
　　B「Aランチ、お願いします。」

1 いたしますか
2 なさいますか
3 お食べになりますか
4 いただきますか

정답

85 **2** 皆様{みなさま}によろしく**お伝{つた}え**ください。

여러분에게 안부 잘 전해 주십시오.

- 皆 みな : 皆{みな} 모두・皆{みな}さん 여러분
- 様 さま : ~様{さま} ~ 님・神様{かみさま} 하느님 / 귀신
- 伝 つた(-える) : 伝{つた}える 전하다
  * 手伝{てつだ}う 돕다・お手伝{てつだ}いさん 도우미

---

86 **1** ご注文{ちゅうもん}の品物{しなもの}は、明日{あした}**確{たし}かに**お届{とど}けいたします。

주문 물품은 내일 틀림없이 보내 드리겠습니다.

確かに (たしかに) 확실하게 / 틀림없이
確か (たしか) 확실히 / 분명히

- さっき来{き}た人{ひと}は、**確{たし}か**田中{たなか}さんの奥{おく}さんだと思{おも}います。
  방금 오신 분은 분명히 다나카 씨의 부인이라고 생각합니다.

---

87 **2** A「お客様{きゃくさま}、何{なに}に**なさいますか**。」

B「Aランチ、お願{ねが}いします。」

A「손님, 무엇으로 하시겠습니까?」 B「A런치 부탁합니다.」

なさる *「する」의 존경어
いたす *「する」의 겸양어

- 社長{しゃちょう}はゴルフを**なさいます**が、わたしは**いたしません**。
  사장님은 골프를 하시지만 저는 하지 않습니다.

- よろしくお願{ねが}い**いたします**。
  잘 부탁합니다.

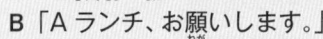

문제

6 일째 **제 1 주**

88 公園で<u>こども</u>と遊んだ。

1 子達
2 子供
3 小児
4 小人

30 □□□

89 この先、道が二つに分かれていますが、どっちの _____ に行けばいいですか。

1 土地
2 向き
3 地方
4 方向

30 □□□

90 戦争が _____ ように。

1 なくなる
2 なくなって
3 なくなった
4 なくなります

30 □□□

정답

88 **2 公園で子供と遊んだ。**
공원에서 아이와 놀았다.

公	コウ：公園 공원・公務員 공무원
供	とも：子供 어린이 / 아이
遊	ユウ：遊園地 유원지
	あそ (-ぶ)：遊ぶ 놀다・遊び 놀이

---

89 **4 この先、道が二つに分かれていますが、どっちの方向に行けばいいですか。**
이 앞에 길이 두 개로 갈라져 있습니다만 어느 방향으로 가면 좋습니까?

方向 (ほうこう)	방향
土地 (とち)	토지
向き (むき)	방향
地方 (ちほう)	지방 (＝地域)(= 지역)

---

90 **4 戦争がなくなりますように。**
전쟁이 없어지기를.

| **V ますように／ませんように** | V 하도록 / 하지 않기를 |

＊소망을 나타낸다

- 試験に合格しますように。 시험에 합격하기를.
- この仕事に失敗しませんように。 이 일에 실패하지 않기를.
- 世界が平和でありますように。 세계가 평화스럽기를.

문제

7일째 **제1주**

91 バスで空港へ行く。→ 31

1 くうこう　　　2 こうくう

1 □□□

92 午後はじゆうに行動して下さい。→ 4

1 自由　　　2 理由

2 □□□

93 昨日の会議では、よいアイデアが ＿＿＿＿ 発表された。→ 20

1 ところどころ　　　2 つぎつぎに

1 □□□

94 まだゲームをしているの？＿＿＿＿ しなさい。→ 56

1 えんりょ　　　2 いいかげんに

2 □□□

95 昨年の試験問題は、一昨年 ＿＿＿＿ 少し易しくなった。→ 69

1 にくらべて　　　2 にくわえて

1 □□□

96 今朝は大事な会議がある。遅れない ＿＿＿＿、いつもより早く家を出よう。→ 48

1 ために　　　2 ように

2 □□□

문자 어휘 문법

문제

97 授業に遅れないようにしてください。→ 34

1 おそれない　　　　2 おくれない

3 ☐☐☐

98 こんな事があるなんて、しんじられない。→ 16

1 信じられない　　　2 真じられない

4 ☐☐☐

99 田中先生は、＿＿＿＿＿ こわいけれど、とてもいい先生です。→ 41

1 きびしくて　　　　2 けわしくて

3 ☐☐☐

100 弟は小学生のころ、＿＿＿＿＿ 友だちも少なかったです。→ 80

1 ほがらかで　　　　2 おとなしくて

4 ☐☐☐

101 A「怒らないで。」
B「怒って ＿＿＿＿＿ いないよ、心配しているんだ。」→ 54

1 なんか　　　　　　2 ばかり

3 ☐☐☐

102 いつも助けて ＿＿＿＿＿ ありがとう。→ 9

1 もらえて　　　　　2 くれて

4 ☐☐☐

103 <u>果物</u>が好きです。

1　くだもの　　　　2　こどもの

104 この<u>きょく</u>を聞くと国を思い出す。

1　局　　　　　　　2　曲

105 ＿＿＿＿＿ が良い食事を心がけましょう。

1　テーマ　　　　　2　バランス

106 そんな易しい計算もできないなんて、本当に ＿＿＿＿＿ ね。

1　あきられる　　　2　あきれる

107 電話もメールも通じないなら、遠くても行く ＿＿＿＿＿ 。

1　しかない　　　　2　だけある

108 割れない ＿＿＿＿＿ 、そっと置いてください。

1　ように　　　　　2　ために

앞 페이지 정답　97　2　98　1　99　1　100　2　101　1　102　2

문제

109 ここはお年寄りのための<u>優先席</u>です。→ 70

1 ようせんせき　　2 ゆうせんせき

110 お皿を<u>わって</u>しまった。→ 34

1 割って　　2 折って

111 A「_____ 。」
B「気をつけて。また遊びに来てください。」→ 29

1 おじゃましました　　2 しょうちしました

112 彼の言い方に _____ が、何も言えなかった。→ 77

1 腹にきた　　2 頭にきた

113 日本の春 _____ 、サクラですね。→ 60

1 というより　　2 といえば

114 私は夫に危険な仕事を _____ 。→ 45

1 してほしくない　　2 しなくてほしい

앞 페이지 정답　103 1　104 2　105 2　106 2　107 1　108 1

7 일째 | **제 1 주**

115 夫婦で旅行に行く。→ 31

　1　ふさい　　　　2　ふうふ

116 鳥がとんでいる。→ 49

　1　込んで　　　　2　飛んで

117 田舎に広い＿＿＿＿＿＿＿があるが、そこに家を建てるつもりはない。→ 89

　1　土地　　　　　2　地方

118 A「今度の試験いつか知ってる？」
　　B「＿＿＿＿＿＿＿来月の 10 日だったと思うけれど…。」→ 86

　1　確かに　　　　2　確か

119 A「あ、リーさんだ。」
　　B「え、リーさんの＿＿＿＿＿＿＿よ。国に帰ったんだから。」→ 78

　1　はずない　　　2　はずじゃない

120 お正月料理も地方や家＿＿＿＿＿＿＿違う。→ 87

　1　にそって　　　2　によって

앞 페이지 정답　109 2　110 1　111 1　112 2　113 2　114 1

문제

121 紙を<u>三角</u>におります。→ 55

1 さんかく　　2 みつかど

122 旅館に<u>とまる</u>。→ 64

1 泊まる　　2 宿まる

123 おなかがすきすぎて、_____ 。→ 44

1 ころびそうだ　　2 たおれそうだ

124 お金を使いすぎて、帰る電車 _____ もなくなった。
→ 83

1 賃　　2 券

125 神様、お願い。今年はすてきな人と出会えます _____ 。
→ 90

1 ように　　2 かなあ

제 2 주

	1 ~ 6 일째	7 일째 (복습)
1회차	/ 30 문제	/ 12 문제
2회차	/ 30 문제	/ 12 문제
3회차	/ 30 문제	/ 12 문제

 문자

- 6 일째까지 마친 후 정답 수를 세어 기록합시다.
- 정답 수가 적은 분야가 있으면 다시 한 번 푼 후에 7 일째로 나아갑시다.
- 7 일째는 복습입니다. 다 마친 후 정답 수를 적고, 학습 효과를 확인합시다.

	1 ~ 6 일째	7 일째 (복습)
1회차	/ 30 문제	/ 12 문제
2회차	/ 30 문제	/ 12 문제
3회차	/ 30 문제	/ 12 문제

 어휘

	1 ~ 6 일째	7 일째 (복습)
1회차	/ 30 문제	/ 11 문제
2회차	/ 30 문제	/ 11 문제
3회차	/ 30 문제	/ 11 문제

 문법

앞 페이지 정답   121 1   122 1   123 2   124 1   125 1

_____ のことばに対し、ひらがなは漢字に、漢字はひらがなに直して、正しいものを選択肢から選びなさい。

_____ 의 단어에 대해 히라가나는 한자로, 한자는 히라가나로 고치고 바른 것을 선택지에서 고르시오.

_____ のところに何を入れますか。いちばんいいものを選択肢から一つ選びなさい。

_____ 에 무엇을 넣으면 좋은지 가장 적당한 것을 선택지에서 하나 고르시오.

_____ のところに何を入れますか。いちばんいいものを選択肢から一つ選びなさい。

_____ 에 무엇을 넣으면 좋은지 가장 적당한 것을 선택지에서 하나 고르시오.

문제

1 일째 **제2주**

126 毎日続けて練習すれば覚えられます。

1 つるけて
2 つむけて
3 つぬけて
4 つづけて

문자

1 ☐☐☐

127 髪、切ったんだね。ずいぶん ＿＿＿＿ が変わったね。

1 レベル
2 テンポ
3 イメージ
4 サイン

어휘

1 ☐☐☐

128 しぼり ＿＿＿＿ の牛乳はいかがですか。

1 あげ
2 たて
3 すぎ
4 きり

문법

1 ☐☐☐

정답

126. 4 毎日続けて練習すれば覚えられます。
매일 계속하여 연습하면 배울 수 있습니다.

続	つづ (-く/-ける) : 続く 계속・続ける 계속하다
練	レン : 練習する 연습하다
覚	おぼ (-える) : 覚える 배우다 / 기억하다

127. 3 髪、切ったんだね。ずいぶん**イメージ**が変わったね。
머리 잘랐구나. 무척 이미지가 변했네.

イメージ	이미지
レベル	레벨
テンポ	템포
サイン	사인

128. 2 しぼり**たて**の牛乳はいかがですか。
갓 짠 우유는 어떠십니까?

V たて (= V たばかり)(=V 한 참)

◆ このパンは焼き**たて**なので、切れません。
  이 빵은 갓 구운 것이므로 잘라지지 않습니다.

◆ 炊き**たて**のご飯はおいしい。
  갓 지은 밥은 맛있다.

◆ 習い**たて**の日本語を使ってみた。
  갓 배운 일본어를 사용해 보았다.

문제 　　　　　　　　　　　　　　　　　　1일째　제2주

129 今はかんご婦を、「かんご師」と<u>よびます</u>。

1 浴びます
2 呼びます
3 飛びます
4 遊びます

문자

2 □□□

130 時間(じかん)があるから、ちょっとその辺(へん)を _____ しましょう。

1 そろそろ
2 のろのろ
3 ぶらぶら
4 どんどん

어휘

2 □□□

131 友人(ゆうじん)を亡(な)くした _____ を歌(うた)にしました。

1 悲(かな)しい
2 悲(かな)しいさ
3 悲(かな)しみ
4 悲(かな)しむ

문법

2 □□□

정답

129 **2** 今は看護婦を、「看護師」と**呼びます**。

지금은 간호부를 「간호사」라고 부릅니다.

婦	フ：看護婦 간호부・主婦 주부・夫婦 부부
師	シ：看護師 간호사・教師 교사
呼	よ (-ぶ)：呼ぶ 부르다

문자

130 **3** 時間があるから、ちょっとその辺を**ぶらぶら**しましょう。

시간이 있으므로 잠시 그 근처를 어슬렁어슬렁 걸읍시다.

ぶらぶら	◆ ぶらぶら散歩する 어슬렁어슬렁 산책하다
そろそろ	◆ そろそろ始める 슬슬 시작하다
のろのろ	◆ のろのろ歩く 느릿느릿 걷다
どんどん	◆ どんどん進む 자꾸자꾸 나아가다

어휘

131 **3** 友人を亡くした**悲しみ**を歌にしました。　**OK** 悲しさ

친구를 잃은 슬픔을 노래로 만들었습니다.

~み　＊A~~い~~み（＝N）

◆ これは**痛み**をおさえる薬です。
이것은 통증을 억제하는 약입니다.

◆ 夕食の後のビールが父の**楽しみ**です。
저녁 식사 후의 맥주가 아버지의 즐거움입니다.

◆ この本は**厚み**がある。
이 책은 두께가 있다.

문법

문제

1일째　제**2**주

132 <u>暖かく</u>なったら、両親を呼んでこの町を案内したい。

　　1　みじかく
　　2　やわらかく
　　3　こまかく
　　4　あたたかく

문자

3 □□□

133 朝から何も食べていないから、おなかが ＿＿＿＿ だ。

　　1　ふらふら
　　2　ぴかぴか
　　3　ぺらぺら
　　4　ぺこぺこ

어휘

3 □□□

134 A「あれから、彼女に会いましたか。」
　　B「いえ、あれ ＿＿＿＿ です。」

　　1　っきり
　　2　っぽっち
　　3　だけ
　　4　ほど

문법

3 □□□

정답

132 **4** <u>暖かく</u>なったら、<u>両親</u>を呼んでこの町を<u>案内</u>したい。

따뜻해지면 부모님을 불러서 이 마을을 안내하고 싶다.

문자

暖	**ダン**：暖房 난방 ⇔ 冷房 냉방
	あたた (-かい)：暖かい 따뜻하다
両	**リョウ**：両親 양친 / 부모님・両方 양쪽
案	**アン**：案内する 안내하다

---

133 **4** 朝から何も食べていないから、おなかが**ぺこぺこ**だ。

아침부터 아무것도 먹지 않았기에 배가 무척 고프다.

어휘

ぺこぺこ	배가 고픈 상태 (꼬르륵 소리가 나는 정도)
ふらふら	◆ 頭がふらふらする 머리가 어질어질하다
ぴかぴか	◆ 靴をぴかぴかにみがく 구두를 반짝반짝 닦다
ぺらぺら	◆ 彼は英語がぺらぺらだ。그는 영어를 술술 말한다. (유창하다)

---

134 **1** A「あれから、彼女に会いましたか。」

B「いえ、あれ**っきり**です。」

A「그 후에 그녀를 만났습니까?」
B「아니오, 그때가 마지막입니다.」

문법

N (っ) きり (=N だけ)(=N 뿐)

◆ 二人**きり**で話そう。

둘이서만 이야기하자.

◆ みんな家を出て、母が一人**きり**になってしまった。

모두 집을 나가고 어머니 혼자가 되었다.

문제

1일째 제2주

135 今年の正月は、久しぶりに家族を<u>つれて</u>神社へ行った。

1 遅れて
2 連れて
3 晴れて
4 取れて

4 □□□

136 貧しかった少年が、社会で成功するという＿＿＿＿＿＿＿の映画を見た。

1 文学
2 作文
3 書物
4 物語

4 □□□

137 彼女はピンク色が好きで、髪＿＿＿＿＿＿＿ピンクにしてしまった。

1 こそ
2 だけ
3 まで
4 ほど

4 □□□

정답

135 **2** 今年の正月は久しぶりに家族を**連れて**神社へ行った。

금년 설은 오랜만에 가족을 데리고 신사에 갔다.

| 久 | **ひさ** (-しい) : 久しぶり 오랜만
| 連 | **レン** : 連絡する 연락하다 · 連休 연휴
| | **つ** (-れる) : 連れていく 데려가다
| 神 | **ジン** : 神社 신사
| | **かみ** : 神様 하느님

136 **4** 貧しかった少年が、社会で成功するという**物語**の映画を見た。

가난했던 소년이 사회에서 성공한다는 이야기의 영화를 보았다.

| **物語** (ものがたり) 이야기 / 스토리
| **文学** (ぶんがく) 문학
| **作文** (さくぶん) 작문
| **書物** (しょもつ) 서적 *서적의 딱딱한 표현으로「書物」이라 함

137 **3** 彼女はピンク色が好きで、**髪まで**ピンクにしてしまった。

그녀는 핑크색을 좋아하여 머리카락까지 핑크로 해버렸다.

~まで… (= ~も)(=~ 도) *정도가 보통이 아님을 나타낸다

◆ この魚は骨**まで**食べられる。

이 생선은 뼈까지 먹을 수 있다.

◆ 雨に降られて、下着**まで**ぬれた。

비를 맞아서 속옷까지 젖었다.

문제　　　　　　　　　　　1일째　제2주

138 私が育った町の美しい川は、今は<u>汚れて</u>、もう泳げない。

1　よごれて
2　よぼれて
3　おごれて
4　おぼれて

문자

5 □□□

139 この子、熱が高くてすごく ＿＿＿＿ だよ。すぐ医者に連れていこう。

1　つらそう
2　みにくそう
3　にがそう
4　くるしみそう

어휘

5 □□□

140 この石けんはおもしろい ＿＿＿＿ 汚れがよく落ちる。

1　だけ
2　ほど
3　まで
4　ばかり

문법

5 □□□

정답

138 1 私が育った町の美しい川は、今は**汚れて**、もう泳げない。

내가 자란 마을의 아름다운 강은 지금은 더러워져 더 이상 헤엄칠 수 없다.

| 育 | **イク**：教育 교육
| | **そだ**(-つ/-てる)：育つ 자라다・育てる 키우다
| 汚 | **きたな**(-い)：汚い 더럽다
| | **よご**(-れる/-す)：汚れる 더러워지다・汚す 더럽게 하다 / 더럽히다
| 泳 | **エイ**：水泳 수영
| | **およ**(-ぐ)：泳ぐ 헤엄치다

---

139 1 この子、熱が高くてすごく**つらそう**だよ。すぐ医者に連れていこう。

OK 苦しそう

이 아이는 열이 높아서 매우 고통스러워 보인다. 즉시 의사에게 데려가자.

つらい	고통스럽다
みにくい	보기 흉하다
苦い (にがい)	쓰다 / 씁쓸하다
苦しむ (くるしむ)	괴로워하다

---

140 2 この石けんはおもしろい**ほど**汚れがよく落ちる。

이 비누는 재미있을 정도로 때가 잘 빠진다.

~ほど (= ~くらい) *정도를 나타낸다

◆ 山**ほど**宿題がある。
산더미처럼 숙제가 있다.

◆ 今日は泣きたい**ほど**寒い。
오늘은 울고 싶을 정도로 춥다.

문제

2 일째 | **제2주**

141 輸出の<u>反対</u>は輸入です。

1 はんだい
2 へんだい
3 はんたい
4 へんたい

6 □□□

142 娘のけがが軽くて、_____ しました。

1 そっと
2 じっと
3 さっと
4 ほっと

6 □□□

143 息子 _____ をして老人からお金をとる事件が増えている。

1 ぶり
2 のふり
3 にふり
4 っぷり

6 □□□

정답

141

3 輸出の<u>反対</u>は輸入です。

수출의 반대는 수입입니다.

輸	ユ：輸出する 수출하다・輸入する 수입하다
反	ハン：反対 반대
対	タイ：反対語 반대어

문자

142

4 娘のけがが軽くて、**ほっと**しました。

딸의 상처가 가벼워서 안심하였습니다.

ほっと	◆ **ほっと**する 안심하다 (＝安心する)(＝ 안심하다)
そっと	◆ **そっと**歩く 가만히 걷다
じっと	◆ **じっと**する 가만히 있다
さっと	◆ 机を**さっと**ふく 책상을 싹 닦다

어휘

143

2 息子の<u>ふりをして</u>老人からお金をとる事件が増えている。

아들 행세를 하며 노인으로부터 돈을 뜯어내는 사건이 늘고 있다.

〜ふりをする ~ 시늉을 하다 /~ 체 하다 / 행세를 하다

◆ 知っているのに<u>知らないふりをする</u>。

알고 있으면서 모르는 체 하다.

◆ 彼女は<u>親切なふりをして</u>人をだました。

그녀는 친절한 체 하며 사람들을 속였다.

문법

문제

144 A「ちょっとにがいね。」
B「お茶の葉を入れすぎたかな。」

1 若い
2 苦い
3 強い
4 厚い

145 毎日何回も自分の体重を ＿＿＿＿ というダイエット方法があるそうです。

1 量る
2 減らす
3 増やす
4 落とす

146 使ったら ＿＿＿＿ っぱなしにしないで、片付けなさい。

1 出す
2 出し
3 出して
4 出した

정답

144

2 A「ちょっと苦いね。」
B「お茶の葉を入れすぎたかな。」

A「좀 쓴데.」
B「찻잎을 너무 많이 넣었나?」

| 苦 | にが (-い) : 苦い 쓰다・苦手な 서투른
くる (-しい) : 苦しい 괴롭다
| 葉 | は : 葉 잎・言葉 말/언어
| 若 | わか (-い) : 若い 젊다

145

1 毎日何回も自分の体重を量るというダイエット方法があるそうです。

매일 몇 차례나 자신의 체중을 재는 다이어트 방법이 있다고 합니다.

| 量る | (はかる) ◆ 体重を量る 체중을 재다
　　　　　　◆ 身長を測る 키를 재다
| 減らす | (へらす) ◆ 体重を減らす 체중을 줄이다 ＊減る 줄다
| 増やす | (ふやす) ◆ 貯金を増やす 저축을 늘리다 ＊増える 늘다

146

2 使ったら出しっぱなしにしないで、片付けなさい。

사용하였으면 꺼낸 채로 두지 말고 치우세요.

| Vっぱなし | (=V たまま) ＊ V~~ます~~っぱなし

◆ ドアを開けっぱなしにするな。
　문을 열어둔 채로 두지 마라.

◆ 祖母は電気もテレビもつけっぱなしで寝ている。
　할머니는 전기도 TV 도 켜 놓은 채로 자고 있다.

문제

2일째 　제**2**주

147 <u>最近</u>、忙しそうだけど、無理をしないで。

1 ちかごろ
2 このごろ
3 せいきん
4 さいきん

문자

8 ☐☐☐

148 毎日レストランで食事をするなんて、お金が _____ できません。

1 かからなくて
2 もったいなくて
3 ぜいたくで
4 びんぼうで

어휘

8 ☐☐☐

149 母が _____ 、みんなで心配しています。

1 入院したことがあって
2 入院したことにして
3 入院することになって
4 入院することにして

문법

8 ☐☐☐

정답

147 4 <u>最近</u>、<u>忙</u>しそうだけど、<u>無</u>理をしないで。
최근 바쁜 것 같은데 무리하지 마.

最	**サイ**：最近 최근 / 요즘・最後 최후 / 마지막・最初 최초 / 처음
忙	**いそが** (-しい)：忙しい 바쁘다
無	**ム**：無理な 무리한・無料 무료
	な (-い)：無い 없다

148 2 毎日レストランで食事をするなんて、お金が**もったいなくて**できません。
매일 레스토랑에서 식사를 하다니 돈이 아까워서 할 수 없어요.

もったいない	아깝다
ぜいたくな	사치스러운
貧乏な (びんぼうな)	빈곤한 / 가난한

149 3 母が<u>入院</u>することになって、みんなで<u>心配</u>しています。
어머니가 입원하게 되어서 모두가 걱정하고 있습니다.

Vことになる　V하게 되다

◆ 来月、転勤する**ことになりました**。
다음달 전근하게 되었습니다.

Vことにする　V하기로 하다

◆ 私は、毎朝、野菜ジュースを飲む**ことにしています**。
저는 매일 아침 야채 쥬스를 마시기로 하고 있습니다.

문제　　　　　　　　　　　　　　　**2 일째**　**제 2 주**

150 きれいな<u>かい</u>でしょう。先週末、南の島でひろったの。

　1　買
　2　見
　3　員
　4　貝

문자

9 □□□

151 またこんなに部屋を散らかして…。＿＿＿＿＿＿＿ね。

　1　だらしない
　2　あやしい
　3　くだらない
　4　しつこい

어휘

9 □□□

152 A「今週の土曜日、お花見ですね。」
　　B「ええ、雨が ＿＿＿＿＿＿＿ ですが。」

　1　降らなくてもいい
　2　降らないといい
　3　降りにくい
　4　降らないでいい

문법

9 □□□

정답

150

4 きれいな<u>貝</u>でしょう。先週末、南の島でひろったの。

예쁜 조개 껍질이지? 지난 주말 남쪽 섬에서 주웠어.

貝	かい	: 貝 조개 껍질 / 조개 패
末	マツ	: 週末 주말・月末 월말 年末 연말
島	しま	: 島 섬

문자

151

1 またこんなに部屋を散らかして…。**だらしない**ね。

또 이렇게 방을 어질러 놓다니…. 칠칠치 못하네.

だらしない	칠칠치 못하다
怪しい (あやしい)	수상하다
くだらない	하찮다 / 시시하다
しつこい	끈덕지다 / 끈질기다

어휘

152

2 A「今週の土曜日、お花見ですね。」
B「ええ、雨が**降らないといい**ですが。」

A「금주 토요일은 벚꽃 구경이군요.」
B「네, 비가 안 오면 좋겠습니다만.」

~といい ~면 좋다 ⇔ ~といやだ ~면 싫다

◆ 明日、晴れる**といい**ですね。
　내일 맑으면 좋겠네요.

＊明日、雨だといやですね。
　내일 비라면 싫은데요.

문법

문제

2 일째 제 **2** 주

153 歯医者で歯をぬいた日、血がなかなか止まらなくて<u>困った</u>。

1 こまった
2 まいった
3 あせった
4 つまった

10 ☐☐☐

154 中学から高校の６年間、田中先生に英語を ＿＿＿＿。

1 おそわれました
2 まなばれました
3 おそわりました
4 まなばされました

10 ☐☐☐

155 寒いと思ったら、窓が ＿＿＿＿ いた。

1 開けて
2 閉めて
3 開いて
4 閉まって

10 ☐☐☐

정답

153

1 歯医者で歯をぬいた日、血がなかなか止まらなくて困った。

치과 병원에서 이를 뽑은 날 피가 좀처럼 멈추지 않아서 애먹었다.

문자

歯	は：歯 이・歯医者 치과의사
血	ち：血 피
困	コン：困難 곤란
	こま (-る)：困る 곤란하다 / 애먹다 / 어려움을 겪다

154

3 中学から高校の6年間、田中先生に英語を教わりました。

중학교에서 고등학교까지 6 년간 다나카 선생님에게 영어를 배웠습니다.

어휘

教わる	(おそわる) 배우다
おそう	습격하다 ◆ 熊におそわれた。 곰에게 습격당하다
学ぶ	(まなぶ) 배우다

155

3 寒いと思ったら、窓が開いていた。

춥다고 생각했더니 창문이 열려 있었다.

문법

| V ている | V 하고 있다 *V=자동사 |

◆ 電気がついている。

전기가 켜져 있다.

◆ ポケットにお金が入っている。

호주머니에 돈이 들어 있다.

문제

156 この本の第一課から、<u>復習</u>しましょう。

1 ふくしい
2 ふうしい
3 ふくしゅう
4 ふうしゅう

11 □□□

157 まず、今日の_____ニュースからお伝えいたします。

1 おもな
2 かなりの
3 たいした
4 たいへん

11 □□□

158 A「一郎の試験、どうだったのかなあ。」
B「発表は明日だけれど、_____よ。」

1 だめだった
2 だめらしい
3 だめようだ
4 だめなみたいだ

11 □□□

정답

156

3 この本の第一課から、**復習**しましょう。

이 책의 제 1 과부터 복습합시다.

|第| **ダイ**: 第一、第二、第三… 제1, 제2, 제3
|課| **カ**: 課 과・課長 과장
　　博士課程 박사과정
|復| **フク**: 復習する 복습하다・回復する 회복하다

157

1 まず、今日の**主な**ニュースからお伝えいたします。

먼저 오늘의 주요 뉴스부터 전해드리겠습니다.

主な (おもな)	주요 / 주된
かなり	매우
大した (たいした)	◆ **大した**〜ではない 대단한 〜는 아니다
大変な (たいへんな)	대단한 / 어려운

158

2 A「一郎の試験、どうだったのかなあ。」
B「発表は明日だけれど、**だめらしい**よ。」

OK だめなようだ／だめみたいだ

A「이치로의 시험 어땠을까?」 B「발표는 내일인데 어려울거래요.」

〜らしい 〜인 것 같다

◆ 田中さん、会社を辞める**らしい**ですよ。
　다나카 씨가 회사를 그만 둘 건가 봐요.

◆ 田中さんの話では、仕事は大変だった**らしい**ですね。
　다나카 씨의 말로는 일은 힘들었다 하네요.

100

문제

159 A社は原料を輸入して、<u>せいひん</u>を輸出している。

1 制品
2 製品
3 商品
4 正品

160 新宿へ行くなら、向こうのホームから東京＿＿＿＿＿＿の電車に乗らないとだめですよ。

1 止まり
2 行き
3 発
4 先

161 家を＿＿＿＿＿＿、急に雨が降ってきた。

1 出たままで
2 出られたのに
3 出ようと思って
4 出ようとしたときに

정답

159 2 A社は原料を輸入して、**製品**を輸出している。

A사는 원료를 수입하고 제품을 수출하고 있다.

문자

|原| **ゲン**：原料 원료
　　はら：野原 들판
|製| **セイ**：製品 제품・製作する 제작하다
|制| **セイ**：制度 제도・体制 체제
　　　　　制作する 제작하다

---

160 2 新宿へ行くなら、向こうのホームから東京**行き**の電車に乗らないとだめですよ。

신주쿠에 가려면 저쪽 홈에서 도쿄행 전철을 타야 해요.

어휘

~行き (~いき)	◆ 東京**行き** 도쿄행
~止まり (~どまり)	◆ 東京**止まり** 도쿄 종점
~発 (~はつ)	◆ 東京**発** 도쿄발
~先 (~さき)	◆ 行く**先**／行き**先** 행선지

---

161 4 家を**出ようとしたときに**、急に雨が降ってきた。

집을 나가려고 할 때에 갑자기 비가 왔다.

문법

Vようとしたとき(に) V 하려는 때(에)

◆ お風呂に**入ろうとしたとき**、電話がかかってきた。
　목욕탕에 들어가려고 할 때 전화가 걸려왔다.

◆ **乗ろうとしたとき**、電車のドアが閉まった。
　타려고 할 때 전철 문이 닫혔다.

문제

162 アンケート<u>調査</u>にご協力をお願いします。

1 ちょうさ
2 ちゅうさ
3 ちょうしゃ
4 ちゅうしゃ

163 3時から会議室で、新しい企画の _____ をします。

1 待ち合わせ
2 組み合わせ
3 問い合わせ
4 打ち合わせ

164 いいにおいが _____ が、何のにおいでしょうか。

1 きます
2 なります
3 あります
4 します

정답

162

1 アンケート<u>調査</u>にご<u>協力</u>をお<u>願</u>いします。

앙케트 조사에 협력 부탁합니다.

調 チョウ: 調整する 조정하다・強調する 강조하다
しら(-べる): 調べる 조사하다
協 キョウ: 協力する 협력하다・協調する 협조하다
願 ねが(-う): 願う 소원하다

163

4 3時から会議室で、新しい企画の<u>打ち合わせ</u>をします。

3시부터 회의실에서 새로운 기획에 대해 협의를 합니다.

打ち合わせ (うちあわせ)	협의
待ち合わせ (まちあわせ)	대기
組み合わせ (くみあわせ)	조합
問い合わせ (といあわせ)	문의

164

4 いいにおいが<u>します</u>が、何のにおいでしょうか。

좋은 냄새가 나는데 무슨 냄새일까요?

~がする *맛이 나다, 냄새가 나다, 소리가 나다

◆ 隣の部屋で人の話し声がしています。
 옆 방에서 사람이 말하는 소리가 납니다.

◆ このみそ汁、なんか変な味がするよ。
 이 된장국 어쩐지 이상한 맛이 나네요.

変なにおいがある
言わない!

문제

165 窓を開けると、<u>すずしい</u>風が入ってくる。

1 忙しい
2 涼しい
3 楽しい
4 悲しい

166 今からだと映画に間に合うかどうかわからないが、_____ 行ってみよう。

1 とにかく
2 いきなり
3 せっかく
4 どうか

167 この辺の小学生は、_____ かわいいですね。

1 子供らしくて
2 子供のようで
3 子供のままで
4 子供みたいで

정답

165

2 窓を開けると、**涼しい**風が入ってくる。

창을 열면 시원한 바람이 들어온다.

문자

窓	**まど** : 窓 창
涼	**すず** (-しい) : 涼しい 시원하다
悲	**ヒ** : 悲劇 비극
	かな (-しい/-しむ) : 悲しい 슬프다
	悲しむ 슬퍼하다

166

1 今からだと映画に間に合うかどうかわからないが、**とにかく**行ってみよう。

지금부터라면 영화시간에 맞출 수 있을지 어떨지 모르지만 아무튼 가보자.

어휘

| **とにかく** | 아무튼 / 어쨌든 (= とりあえず) (= 우선) |
| **せっかく~のに** | 모처럼 ~ 는데 |

◆ **せっかく**行った**のに**、その店は休みだった。
  모처럼 갔더니 그 가게는 휴일이었다.

| **いきなり** | 갑자기 |

167

1 この辺の小学生は、**子供らしくて**かわいいですね。

이 주변의 초등학생은 어린이다워서 귀엽네요.

문법

Nらしい N 답다

◆ 今日は、本当に**春らしい**暖かい日でした。
  오늘은 정말로 봄다운 따뜻한 날이었습니다.

◆ 私は**女らしい**洋服が好きです。
  저는 여자다운 양복을 좋아합니다.

106

문제

3일째 **제 2 주**

168 ランチには飲み物が付いております。温かいのも <u>冷たい</u>のもございます。

1 ひえたい
2 ひやたい
3 つめたい
4 すめたい

문자

15 □□□

169 夕べは、久しぶりに会った高校時代の友人と、遅くまで楽しく _____ 。

1 しゃべり出した
2 語り合った
3 言い合った
4 話しかけた

어휘

15 □□□

170 しっぽを引っ張るのはやめなさい。猫が _____ でしょ。

1 いやがっている
2 いやだらしい
3 いやなはずがない
4 いやにしたい

문법

15 □□□

107

정답

168 **3** ランチには飲み物が付いております。温かいのも**冷たい**のもございます。

런치에는 음료가 딸려 있습니다. 따뜻한 것도 찬 것도 있습니다.

付	つ (-く/-ける) : ～が付く ~가 붙다 · ～を付ける ~를 붙이다
温	オン : 温度 온도 · 気温 기온 体温計 체온계 · 温暖な 온난한
	あたた (-かい) : 温かい 따뜻하다
冷	レイ : 冷蔵庫 냉장고 · 冷房 냉방
	つめ (-たい) : 冷たい 차다
	ひ (-える/-やす) : 冷える 차지다 · 冷やす 차게 하다

---

169 **2** 夕べは、久しぶりに会った高校時代の友人と、遅くまで楽しく**語り合った**。

어제 저녁에는 오랜만에 만난 고등학교 때의 친구와 늦게까지 즐겁게 이야기를 나누었다.

語り合う (かたりあう)	이야기 나누다 *「語る」는「話す」의 딱딱한 표현
しゃべる	말하다
言い合う (いいあう)	말을 나누다
話しかける (はなしかける)	말을 걸다

---

170 **1** しっぽを引っ張るのはやめなさい。猫が**嫌がっている**でしょ。

꼬리를 잡아당기는 것은 그만하세요. 고양이가 싫어하잖아요

～がる ~하다

- **怖がらないで。** 무서워하지 말고
- この時計は、みんなが**ほしがる**でしょう。
  이 시계는 모두가 갖고 싶어하겠지요.
- **恥ずかしがらないで**、みんなの前で話してください。
  부끄러워 말고 모든 사람 앞에서 말해 주십시오.

171 昨日の晩は雪が降ったが、今朝は<u>晴れて</u>いる。

　　1　あれて
　　2　なれて
　　3　はれて
　　4　かれて

172 リンさんはもう一週間も学校を休んでいますね。
　　だれか、彼の＿＿＿＿＿を知りませんか。

　　1　様子
　　2　態度
　　3　格好
　　4　症状

173 うちの犬は、夕方の５時になると散歩に＿＿＿＿＿。

　　1　行きがります
　　2　行きたがります
　　3　行きほしがります
　　4　行きたいがります

정답

171 **3** 昨日の晩は雪が降ったが、今朝は<u>晴れて</u>いる。

어제 밤에는 눈이 왔지만 오늘 아침은 맑다.

문자

| 昨 | **サク** : 昨日(さくじつ) 어제　＊昨日(きのう) 어제
| 雪 | **ゆき** : 雪(ゆき) 눈
| 晴 | **は** (-れる) : 晴(は)れる 맑아지다・晴(は)れ 맑음

---

172 **1** リンさんはもう一週間も学校を休んでいますね。だれか、彼の<u>様子</u>を知りませんか。

린 씨는 벌써 일주일이나 학교를 쉬고 있네요. 누군가 그의 상황을 모르십니까?

어휘

| **様子** (ようす) 　상태 / 상황
| **態度** (たいど) 　태도
| **格好** (かっこう) 　모습　＊格好(かっこう)いい 멋진 모습
| **症状** (しょうじょう) 　증상

---

173 **2** うちの犬は、夕方の5時になると散歩に<u>行きたがります</u>。

우리 집 개는 저녁 5시가 되면 산책을 하고 싶어 합니다.

문법

Vたがる 　V고 싶어 하다

- 田中さんは、仕事を<u>辞めたがっています</u>。
  다나카 씨는 일을 그만두고 싶어 합니다.

- 娘は、食事の後、必ず甘いものを<u>食べたがります</u>。
  딸은 식사 후에 반드시 단 것을 먹고 싶어 합니다.

문제

4일째 **제2주**

174 石油ストーブを消し忘れると、火事の<u>げんいん</u>になります。

1 原因
2 原困
3 原団
4 原回

문자

175 料理の仕方を _____ 、カロリーの低い食事を作りましょう。

1 使用して
2 解決して
3 工夫して
4 修理して

어휘

176 あ、もう8時だ。早く _____ 。

1 出かけなかったら
2 出かけないなら
3 出かけなくても
4 出かけないと

문법

정답

174

1 石油ストーブを消し忘れると、火事の原因になります。

석유스토브를 끄는 것을 잊으면 화재의 원인이 됩니다.

문자

| 油 | ユ：しょう油 간장・石油 석유
| あぶら：油 기름
| 忘 | ボウ：忘年会 망년회
| わす (-れる)：忘れる 잊다・忘れ物 분실물
| 因 | イン：原因 원인

175

3 料理の仕方を工夫して、カロリーの低い食事を作りましょう。

요리방법을 연구하여 칼로리가 낮은 식사를 만듭시다.

어휘

| 工夫する |(くふうする) 궁리하다 / 연구하다 / 고안하다
| 使用する |(しようする) 사용하다
| 解決する |(かいけつする) 해결하다
| 修理する |(しゅうりする) 수리하다

176

4 あ、もう8時だ。早く出かけないと。

어, 벌써 8시다. 빨리 외출해야지.

문법

| Vないと | Vなくちゃ | V 않으면 / V 해야지

(= V なければならない) (=V 하지 않으면 안된다)

◆ お客さんが来るから掃除しないと。

손님이 오니까 청소해야지.

◆ 明日漢字のテストがあるから、勉強しなくちゃ。

내일 한자 시험이 있으니까 공부해야지.

문제

177 検査の前は、飲食もタバコも<u>禁止</u>です。

1 ちゅうし
2 ていし
3 きんえん
4 きんし

178 そんな _____ ホテルには泊まったことがない。

1 本物の
2 人気な
3 上級の
4 高級な

179 毎日練習しているのに、_____ 上手になりません。

1 ちっとも
2 少しだけ
3 めったに
4 おそらく

정답

177 4 検査の前は、飲食もタバコも**禁止**です。
검사 전에는 음식도 담배도 금지입니다.

検	**ケン** : 検査する 검사하다・検索 검색
査	**サ** : 調査する 조사하다・検査する 검사하다
禁	**キン** : 禁止する 금지하다

문자

---

178 4 そんな**高級な**ホテルには泊まったことがない。
그런 고급 호텔에는 숙박한 적이 없다.

高級な	(こうきゅうな) 고급스러운
本物	(ほんもの) 진짜 ⇔ にせ物 가짜
人気	(にんき) 인기
上級	(じょうきゅう) 상급

어휘

---

179 1 毎日練習しているのに、**ちっとも**上手になりません。 OK 少しも
매일 연습하는데도 조금도 (실력이) 늘지 않습니다.

ちっとも~ない 조금도 ~ 않다

◆ これは**ちっとも**難しく**ない**。(= 全然難しくない)
이것은 조금도 어렵지 않다.

めったに~ない 거의 ~ 않다

◆ 私は**めったに**パンを食べ**ない**。(= ほとんどパンを食べない)
나는 거의 빵을 먹지 않는다.

おそらく~だろう 아마도 ~ 것이다

◆ 田中さんは**おそらく**来ない**だろう**。(= たぶん来ないだろう)
다나카 씨는 아마도 오지 않을 것이다.

문법

문제

180 オリンピック選手に選ばれて、夢が<u>じつげん</u>した。

　1　事実
　2　実験
　3　現実
　4　実現

181 A「新しい仕事はどう？」
　　　B「まあまあ ＿＿＿＿＿＿＿ よ。」

　1　気にしている
　2　気になっている
　3　気に入っている
　4　気にかけている

182 失敗してもあきらめないで、もう一度 ＿＿＿＿＿＿＿ 。

　1　やってみれ
　2　やってごらん
　3　やってなさい
　4　やってなされ

정답

180

4 オリンピック選手に選ばれて、夢が実現した。

올림픽 선수로 선발되어 꿈이 실현되었다.

選	セン: 選手 선수・選挙 선거　えら(-ぶ): 選ぶ 고르다
実	ジツ: 実現する 실현하다・事実 사실・実験 실험
	み: 実 열매　みの(-る): 実る 열매맺다
現	ゲン: 現在 현재・表現 표현
	現金 현금
	あらわ(-れる/-す): 現れる 나타나다
	現す 나타내다

181

3 A「新しい仕事はどう？」
**　B「まあまあ気に入っているよ。」**

A「새로운 일은 어때 ?」
B「그냥 마음에 들기는 해 .」

気に入る	(きにいる)	마음에 들다
気にする	(きにする)	걱정하다
気になる	(きになる)	걱정되다
気にかける	(きにかける)	주의하다

182

2 失敗してもあきらめないで、もう一度やってごらん。

실패해도 포기하지 말고 다시 한번 해 봐 .

Vてごらん(なさい) ＊「～してみなさい」의 부드러운 표현

◆ わからなかったら、先生に聞いてごらんなさい。
　모르겠으면 선생님에게 물어보세요 .

◆ これ、おいしいよ。一度、食べてごらん。
　이거 맛있어 . 한 번 먹어봐 .

문제

183 日本の歴史について<u>論文</u>を書いています。

1　ろんぶん
2　るんぶん
3　らんぶん
4　りんぶん

문자

184 両親が日本に来るけれど、仕事があるので空港まで ＿＿＿＿ 行けない。

1　みおくりに
2　むかえに
3　たすけに
4　まねきに

어휘

185 私の名前は、＿＿＿＿ 書きます。

1　こんなに
2　こう
3　こういう
4　こういうふう

문법

정답

183

1 日本の歴史について**論文**を書いています。

일본 역사에 대해서 논문을 쓰고 있습니다.

문자

|歴| **レキ**: 歴史 역사
|史| **シ**: 日本史 일본사
　　　世界史 세계사
|論| **ロン**: 論文 논문・結論 결론
　　　議論する 논의하다

184

2 両親が日本に来るけれど、仕事があるので空港まで**迎えに行け**ない。

부모님이 일본에 오는데 일이 있어서 공항까지 마중을 가지 못한다.

어휘

| 迎える | (むかえる) 마중하다 ◆ **迎え**に行く 마중가다
| 見送る | (みおくる) 전송하다 ◆ **見送り**に行く 전송가다
| 助ける | (たすける) 돕다 ◆ 命を**助ける** 생명을 구하다
　　　　　　　　　　　　◆ 仕事を**助ける** 일을 돕다
| 招く | (まねく) 초대하다 ◆ パーティーに**招かれる** 파티에 초대되다

185

2 私の名前は、**こう**書きます。　**OK** こういうふうに／こんなふうに

제 이름은 이렇게 씁니다.

문법

|こう| |そう| |ああ| |どう| 이렇게 / 그렇게 / 저렇게 / 어떻게
◆ 田中さんは結婚しているが、**そう**は見えない。
　다나카 씨는 결혼했는데도 그렇게 보이지 않는다.

|こういう| |そういう| |ああいう| |どういう| 이러한 / 그러한 / 저러한 / 어떠한
◆ それは**どういう**意味ですか。그것은 어떠한 의미입니까?

|こういうふうな| |そういうふうな| 이런 식의 / 그런 식의
|ああいうふうな| |どういうふうな| 저런 식의 / 어떤 식의
◆ 先生に、**ああいうふうな**言い方をするのは失礼ですよ。
　선생님께 저런 식으로 말하는 것은 실례입니다.

문제

5 일째 제**2**주

186 ファイルを作成し、<u>保存</u>しましょう。

1 ほそん
2 ほぞん
3 ほぜん
4 ほじょん

문자

187 忘(わす)れるといけないから、手帳(てちょう)に _____ をしておこう。

1 プリント
2 メモ
3 レポート
4 ノート

어휘

188 日曜日(にちようび)は、家(いえ)でDVDを _____ 過(す)ごしています。

1 見(み)ようとして
2 見(み)たりして
3 見(み)るために
4 見(み)るままで

문법

정답

186

2 ファイルを作成し、保存しましょう。

파일을 작성하여 저장합시다.

문자

|成| **セイ**: 作成する 작성하다

　　　　成長する 성장하다・成人 성인

　　な(-る): 成田国際空港 나리타 국제공항

|保| **ホ**: 保存する 보존하다 / 저장하다・保証する 보증하다

|存| **ソン**: 存在する 존재하다

　　ゾン: 保存する 보존하다・存じる/ずる 알다

187

2 忘れるといけないから、手帳にメモをしておこう。

잊으면 안 되니까 수첩에 메모해 두자.

어휘

| メモ | 메모　◆ メモを取る 메모를 하다
| プリント | 프린트
| レポート | 리포트
| ノート | 노트

188

2 日曜日は、家でDVDを見たりして過ごしています。

일요일에는 집에서 DVD를 보거나 하면서 지내고 있습니다.

문법

Vたりする V 든가 하다 (= ～などをする) (=~ 등을 하다)

◆ うそを**ついたりして**はいけません。

　거짓말을 하든가 해서는 안 됩니다.

V₁ たり V₂ たりする V₁ 하든가 V₂ 하든가 하다

◆ 行ったり来たりする。 가거나 오거나 하다.

◆ 見たり聞いたりする。 보거나 듣거나 하다.

189 しゅしょうは消費税を上げると言った。

1 首相
2 主相
3 首長
4 主長

190 けんかでもしているのか、外がとても _____ 。

1 はげしい
2 ずうずうしい
3 さわがしい
4 にぎやかしい

191 中国で大きな地震があったというニュースが _____ 。

1 伝えられました
2 伝ってきました
3 伝えてきました
4 伝わられました

정답

189

1 首相は消費税を上げると言った。

수상은 소비세를 올린다고 말했다.

문자

相	ソウ：相談する 상담하다　ショウ：首相 수상
	あい：相手 상대　＊相撲 씨름 / 스모
費	ヒ：費用 비용・食費 식비
	交通費 교통비
税	ゼイ：税金 세금・税関 관세・消費税 소비세

190

3 けんかでもしているのか、外がとても<u>さわがしい</u>。

싸움이라도 하는지 바깥이 매우 <u>시끄럽다</u>.

어휘

さわがしい	시끄럽다 (＝そうぞうしい)
はげしい	세차다 / 격심하다
ずうずうしい	뻔뻔스럽다 / 넉살 좋다

191

1 中国で大きな地震があったというニュースが<u>伝えられました</u>。

중국에서 큰 지진이 있었다는 뉴스가 전해졌습니다.

문법

Vられる　＊수신형

◆ 富士山は日本一美しい山だと<u>言われて</u>います。

후지산은 일본에서 가장 아름다운 산이라고 일컬어지고 있습니다.

◆ この表現は会話でよく<u>使われます</u>。

이 표현은 회화에서 자주 사용됩니다.

문제

192 規則を<u>守り</u>ましょう。

1 なのりましょう
2 ともりましょう
3 まもりましょう
4 たよりましょう

문자

23 □□□

193 仕事が忙しいので、人をもう一人 _____ ことにした。

1 やとう
2 つとめる
3 まぜる
4 あずける

어휘

23 □□□

194 友達の赤ちゃんを預かったのですが、_____ 困りました。

1 泣けば
2 泣かせて
3 泣かれて
4 泣いてられて

문법

23 □□□

정답

192 **3** 規則を<u>守り</u>ましょう。

규칙을 지킵시다.

規	**キ**:新規 신규・規則 규칙・定規 자
則	**ソク**:規則 규칙・法則 법칙
守	**ス**:留守 부재중
	まも (-る):守る 지키다

193 **1** 仕事が忙しいので、人をもう一人<u>雇う</u>ことにした。

일이 바빠서 사람을 한 사람 더 고용하기로 하였다.

雇う	(やとう) 고용하다
勤める	(つとめる) 근무하다
混ぜる	(まぜる) 섞다 / 혼합하다
預ける	(あずける) 맡기다

194 **3** 友達の赤ちゃんを預かったのですが、<u>泣かれて</u>困りました。

친구의 아기를 맡았습니다만 울어서 애먹었습니다.

V られる   *자동사의 수신형

*그 일에 의해 난처한 상태가 되었음을 나타낸다

◆ 駅へ行く途中で雨に<u>降られました</u>。
  역으로 가는 도중에 비를 맞았습니다.

◆ 父に<u>死なれて</u>、生活が苦しくなりました。
  아버지가 돌아가셔서 생활이 어렵게 되었습니다.

문제

195 この書類は機械に読ませますから、<u>おり</u>曲げない
でください。

1　祈り
2　折り
3　税り
4　祝り

196 A「田中さんは、フランス語が＿＿＿＿だそうだね。」
B「ああ、留学していたんだって。」

1　はきはき
2　ぺらぺら
3　ぶつぶつ
4　ぶらぶら

197 田中さん、社長が今すぐ部屋に＿＿＿＿と言っていますよ。

1　こい
2　こよう
3　きろ
4　きよう

정답

195

2 この書類は機械に読ませますから、**折り**曲げないでください。

이 서류는 기계가 읽게 하므로 접지 마시기 바랍니다.

類	**ルイ**: 書類 서류 · 種類 종류 · 分類する 분류하다
械	**カイ**: 機械 기계
折	**セツ**: 右折 우회전 · 左折 좌회전
	骨折する 골절되다
	お (-れる/-る): 折れる 접히다 · 折る 접다

196

2 A「田中さんは、フランス語が**ぺらぺら**だそうだね。」
B「ああ、留学していたんだって。」

A「다나카 씨는 프랑스어를 잘 한다는군.」
B「그래, 유학했었대.」

ぺらぺら	◆ 英語がぺらぺらだ 영어를 잘한다
	◆ ぺらぺらの紙 흐르르한 종이
はきはき	◆ はきはき答える 시원시원하게 답하다
ぶつぶつ	◆ ぶつぶつ言う 중얼중얼 말하다

197

1 田中さん、社長が今すぐ部屋に**来い**と言っていますよ。

다나카 씨, 사장님이 지금 바로 방으로 오라고 하십니다.

Vしろと(言う) | **Vしろって(言う)** V 하라고 (말하다)

◆ 毎日、母に早く起きろって言われています。
매일 어머니에게 일찍 일어나라고 말을 듣습니다.

◆ テスト中は携帯電話の電源を切れと書いてありますよ。
테스트 중에는 휴대전화 전원을 끄라고 쓰여 있네요.

Vるなと(言う) V 하지 말라고 (말하다)

◆ 妻に家ではタバコを吸うなと言われている。
아내로부터 집에서는 담배를 피우지 말라고 말을 듣고 있다.

문제

198 紙の<u>表</u>とうらを間違えないように確かめてください。

1 ひょう
2 びょう
3 おもて
4 あらわ

문자

25 ☐☐☐

199 台風の影響で、今日の大学の授業はすべて _____ になった。

1 休業
2 休
3 休憩
4 休講

어휘

25 ☐☐☐

200 ゼミの資料を一晩で _____ 上げた。

1 まとめ
2 まとめて
3 まとめる
4 まとめた

문법

25 ☐☐☐

정답

198

3 紙の**表**とうらを**間違え**ないように**確か**めてください。

종이의 앞뒤를 틀리지 않도록 확인해 주십시오.

문자

| 表 | ヒョウ：表 표
発表する 발표하다
おもて：表 앞　あらわ(-す)：表す 나타내다 |
| 違 | イ：違反する 위반하다
ちが(-う)：違う 다르다・間違える 틀리다 |
| 確 | カク：正確な 정확한・確認する 확인하다
たし(-か/-かめる)：確かに 확실히・確かめる 확인하다 |

199

4 台風の影響で、今日の大学の授業はすべて**休講**になった。

태풍의 영향으로 오늘 대학의 수업은 모두 휴강되었다.

어휘

休講 (きゅうこう)	휴강
休業 (きゅうぎょう)	휴업
休日 (きゅうじつ)	휴일　＊祝日 축일　＊平日 평일
休憩 (きゅうけい)	휴식

200

1 ゼミの資料を一晩で**まとめ上げ**た。

세미나의 자료를 하룻밤에 정리했다.

문법

V 上げる ： V 완료하다 / 마치다 / 올리다

◆ 今日中にレポートを**書き上げ**ます。
　오늘 중으로 리포트를 다 쓰겠습니다.

◆ 母は一人で５人の子供を育て**上げた**。
　어머니는 혼자서 다섯 아이를 키웠습니다.

문제

6 일째 | **제 2 주**

201 『幸福な<u>王子</u>』という物語を読んだ。

1 おうじ
2 おおじ
3 おうし
4 おおし

문자

26 □□□

202 部屋がなかなか _____ ね。エアコンが壊れているのかな。

1 ひえない
2 さめない
3 こおらない
4 ひやさない

어휘

26 □□□

203 車で空港まで _____ と頼まれました。

1 送ろう
2 送るよう
3 送ってくれ
4 送ってくれる

문법

26 □□□

정답

201

1 『幸福な王子』という物語を読んだ。
「행복한 왕자」라는 이야기를 읽었다.

|幸| **コウ**：幸福な 행복한・不幸な 불행한
  しあわ (-せ)：幸せな 행복한
  さいわ (-い)：幸い 다행히
|福| **フク**：幸福な 행복한
|王| **オウ**：王 왕・女王 여왕・王子 왕자・王女 왕녀 / 공주

202

1 部屋がなかなか冷えないね。エアコンが壊れているのかな。
방이 좀처럼 차가워지지 않네. 에어컨이 고장이 났을까?

|冷える| (ひえる) 차가워지다 ＊冷やす 차게 하다
|冷める| (さめる) 식다 ＊冷ます 식게 하다
|凍る| (こおる) 얼다 ＊凍らせる 얼게 하다

203

3 車で空港まで送ってくれと頼まれました。
자동차로 공항까지 보내 달라고 부탁받았습니다.

~してくれと言う／言われる／頼む／頼まれる
~ 해 달라고 말하다 / 말을 듣다 / 부탁하다 / 부탁받다

◆ 明日は早く来てくれと言われた。
  내일은 일찍 와 달라고 말을 들었다.

◆ 東京を案内してくれと頼まれた。
  도쿄를 안내해 달라고 부탁받았다.

◆ いい人を紹介してくれと言われている。
  좋은 사람을 소개해 달라고 부탁받고 있다.

204 この機械を使うには、画面の<u>しじ</u>通りにしてください。

1 指示
2 支持
3 指事
4 私事

205 牛乳を買ってくるように言われていたが、_____して忘れてしまった。

1 がっかり
2 すっかり
3 うっかり
4 しっかり

206 友達の結婚のお祝いを一緒に選んで_____。

1 くださいませんか
2 いただきませんか
3 くださってもいいですか
4 いただけてもいいですか

정답

204 **1** この機械を使うには、画面の**指示**通りにしてください。

이 기계를 사용하기 위해서는 화면의 지시대로 해 주십시오.

|面| メン：画面 화면・表面 표면・方面 방면
|指| シ：指示する 지시하다・指定する 지정하다
　　さ (-す)：指す 가리키다　**ゆび**：指 손가락
|示| ジ：指示する 지시하다・表示する 표시하다
　　しめ (-す)：示す 가리키다 / 나타내다

---

205 **3** 牛乳を買ってくるように言われていたが、**うっかり**して忘れてしまった。

우유를 사 오도록 부탁받았으나 깜빡 잊어버렸다.

うっかり	◆ うっかりする 깜빡하다
がっかり	◆ がっかりする 실망하다
すっかり	◆ すっかり忘れた。 까맣게 잊었다
しっかり	◆ しっかりする 정신차리다

---

206 **1** 友達の結婚のお祝いを一緒に選んで**くださいませんか**。

친구의 결혼 선물을 함께 골라주시지 않겠습니까?

| V てくださいませんか | V 해 주시지 않겠습니까? |

＊「V てくれませんか」보다 정중

◆ 日本語の手紙を**直してくださいませんか**。
　일본어 편지를 고쳐주시지 않겠습니까?

◆ ちょっと、あの一番上の本を**取ってくださいませんか**。
　잠깐 저기 가장 위쪽의 책을 집어 주시지 않겠습니까?

문제

207 支払い<u>期限</u>はいつですか。

1 きかん
2 きがん
3 きじつ
4 きげん

208 きれいで頭のいい田中さんが _____ 。

1 くやしい
2 おしい
3 うらやましい
4 ずるい

209 A「京都へは _____ ことがありますか。」
B「ええ、何度も行きました。」

1 行けた
2 行かれた
3 行かせた
4 行けられた

정답

207

4 支払い期限はいつですか。

지불 기한은 언제입니까?

문자

支	シ：支店 지점 支社 지사 ささ(-える)：支える 지원하다　　＊差し支え 지장
期	キ：学期 학기・期間 기간 期待する 기대하다
限	ゲン：期限 기한・制限する 제한하다・限界 한계 かぎ(-る)：限る 한하다

208

3 きれいで頭のいい田中さんがうらやましい。

예쁘고 머리 좋은 다나카 씨가 부럽다.

어휘

うらやましい	부럽다 / 샘이 나다
くやしい	분하다 / 억울하다
おしい	아깝다　◆ もうちょっとだったのに、おしい！ 조금만 더 하면 되었는데 아깝다!
ずるい	교활하다 / 능글맞다

209

2 A「京都へは行かれたことがありますか。」
B「ええ、何度も行きました。」

A「교토에 가보신 적이 있습니까?」
B「네, 여러 번 갔었습니다.」

문법

V られる ＊수신형과 같은 형의 경어

- 本はよく読まれますか。(＝お読みになりますか)
  책은 자주 읽으십니까?
- 何かスポーツはされますか。(＝なさいますか)
  무엇인가 스포츠는 하십니까?
- こちらにはよく来られるんですか。(＝いらっしゃるんですか)
  여기에는 자주 오십니까?

문제

210 試験に<u>しっぱい</u>してしまった。

1　矢敗
2　失敗
3　欠敗
4　夫敗

211 食器は _____ その棚にしまってください。

1　かさねて
2　ひろげて
3　たたんで
4　ちぢめて

212 A「あの方をご存じですか。」
　　 B「いいえ、_____ 。」

1　存じじゃありません
2　存じません
3　存じてません
4　存じないです

정답

210

2 試験に失敗してしまった。

시험에 실패해 버렸다.

문자

| 失 | シツ：失礼な 실례되는 / 무례한・失業する 실직하다
過失 과실
うしな(-う)：失う 잃다 |
| 敗 | ハイ：勝敗 승패・失敗する 실패하다 |
| 欠 | ケツ：欠席する 결석하다
か(-ける)：欠ける 이지러지다 / 흠지다 / 결여되다 |

211

1 食器は重ねてその棚にしまってください。

식기는 겹쳐서 그 선반에 수납해 주십시오.

어휘

重ねる	(かさねる)	겹치다 ◆ 皿を重ねる 접시를 겹치다 ＊〜が重なる
広げる	(ひろげる)	펴다 ◆ 地図を広げる 지도를 펼치다 ＊〜が広がる
たたむ		◆ 洋服をたたむ 양복을 접다
縮める	(ちぢめる)	작게하다 / 축소하다 ＊〜が縮む

212

2 A「あの方をご存知ですか。」

B「いいえ、存じません。」

A「저분을 아십니까?」
B「아니오, 모릅니다.」

문법

ご存知です／ご存知じゃありません 압니다 / 모릅니다

存じております／存じません 알고 있습니다 / 모릅니다.

◆ 課長はこのことをご存知ですが、部長はご存知じゃありません。
과장님은 이 일을 알고 계시지만 부장님은 모르고 계십니다.

136

문제

6일째 제**2**주

213 その友人は独身で、趣味は<u>登山</u>です。

1 とさん
2 とざん
3 とうざん
4 とうさん

문자

30 ☐☐☐

214 田中さんの結婚式には、なんとか _____ 出席したいと思っています。

1 都合をつけて
2 具合がよくて
3 事情をとって
4 連絡があって

어휘

30 ☐☐☐

215 駐車は _____ ください。

1 ご遠慮
2 ご遠慮して
3 ご遠慮いただけて
4 ご遠慮申し上げて

문법

30 ☐☐☐

정답

213 2 その友人は独身で、趣味は登山です。

그 친구는 독신이며 취미는 등산입니다.

문자

| 独 | ドク: 独身 독신・独特 독특
| | ひと (-り): 独り 혼자
| | 独り言 혼잣말
| 身 | シン: 身長 신장・全身 전신
| | み: 刺身 사시미 / 회
| | 身分 신분
| 登 | トウ: 登録する 등록하다   ト: 登山 등산
| | のぼ (-る): 登る 오르다

214 1 田中さんの結婚式には、なんとか**都合をつけて**出席したいと思っています。

다나카 씨의 결혼식에는 어떻게든 틈을 내서 출석하려고 생각합니다.

어휘

都合 (つごう)	사정 / 형편 ◆ **都合をつける** 변통하다 / 틈을 내다
具合 (ぐあい)	상태 / 형편 ◆ **具合がいい** 사정이 좋다
事情 (じじょう)	사정
連絡 (れんらく)	연락

215 1 駐車は**ご遠慮**ください。

주차는 사양해 주십시오.

문법

ご V ください   V 해 주십시오 (=V てください) *존경어

- **ご注意ください**。 주의해 주십시오.
- **ご連絡ください**。 연락해 주십시오.
- **ご協力ください**。 협력해 주십시오.

7일째 **제2주**

216 ビールが冷えています。
1 ふえて　　　2 ひえて

1 ☐☐☐

문자

217 ひさしぶりに両親と会った。
1 欠しぶり　　　2 久しぶり

2 ☐☐☐

218 この子が_____のは、2歳になってからです。
1 しゃべり出した　　　2 話しかけた

1 ☐☐☐

어휘

219 彼とは会話の_____が合わない。
1 チャンス　　　2 テンポ

2 ☐☐☐

220 妹は、私の持っているものをいつも_____。
1 ほしがります　　　2 ほしいはずです

1 ☐☐☐

문법

221 工事の音は耳が痛くなる_____大きい。
1 ばかり　　　2 ほど

20 ☐☐☐

문제

222 荷物をお届けに参りましたが、お留守でした。→ 192

1 るしゅ　　　　2 るす

3 □□□

223 ここはむりょうで車が止められます。→ 147

1 無料　　　　2 無両

4 □□□

224 田中さんはお子さんの _____ が悪いらしくて、もう帰りましたよ。→ 214

1 事情（じじょう）　　　　2 具合（ぐあい）

3 □□□

225 今日の面接の結果が _____ 、眠（ねむ）れない。→ 181

1 気にして　　　　2 気になって

4 □□□

226 会社が移転（いてん）する _____ 。→ 149

1 ことにした　　　　2 ことになった

3 □□□

227 秘書（ひしょ）に急に _____ 。→ 194

1 辞められた　　　　2 辞めさせた

4 □□□

앞 페이지 정답　216 2　217 2　218 1　219 2　220 1　221 2

228 <u>汚い</u>からさわらないで。

1 きたない　　　2 よごれい

229 おもしろい場所に<u>おつれ</u>しましょう。

1 お連れ　　　2 お練れ

230 A「どんな ＿＿＿＿＿ ですか。」
B「のどが痛くてせきが出るんです。」

1 しょうじょう　　　2 たいど

231 ＿＿＿＿＿ ことはないんですが、今、父は入院しているんです。

1 おもな　　　2 たいした

232 明日早いんだから、早く ＿＿＿＿＿ 。

1 寝ると　　　2 寝ないと

233 なんか変な ＿＿＿＿＿ ね。何だろう。

1 音がする　　　2 音がきく

문제

234 忘年会で飲みすぎた。→ 174

1 ぼうねんかい　　2 もうねんかい

235 かみさま、どうかお願いします。→ 135

1 上様　　2 神様

236 逃げても逃げても犬が _____ 追いかけてきて怖かった。→ 151

1 しつこく　　2 あやしく

237 試験まであと１週間しかない。ああ。時間が _____ 過ぎていく。→ 130

1 どんどん　　2 のろのろ

238 ずる休みをするなんて、_____。→ 167

1 あなたらしくない　　2 あなたっぽくない

239 そのベンチはペンキ _____ だから、座らないで。→ 128

1 ぬりたて　　2 ぬりっぱなし

앞 페이지 정답　228 1　229 1　230 1　231 2　232 2　233 1

240 <u>教育</u>について考える。→ 138

1 きょういく　　　2 きょうよう

241 <u>ねんまつ</u>は忙しい。→ 132

1 年未　　　2 年末

242 パソコンが壊れた。_____ のは時間もお金もかかるらしい。→ 175

1 修理する　　　2 解決する

243 結婚式に_____けれど、何を着て行ったらよいかわからない。→ 184

1 むかえられた　　　2 まねかれた

244 ひまなときは音楽を聞いたり_____。→ 188

1 しています　　　2 なっています

245 A「もう会えないかも。」
B「え、_____意味ですか。」→ 185

1 どんな　　　2 どういう

앞 페이지 정답　234 1　235 2　236 1　237 1　238 1　239 1

문제

246 <u>言葉</u>の意味を調べる。→ 144

1　げんご　　　　2　ことば

11 ☐☐☐

247 <u>かなしい</u>小説を読んだ。→ 165

1　苦しい　　　　2　悲しい

12 ☐☐☐

248 セーターを家で洗ったら、＿＿＿＿。→ 211

1　縮(ちぢ)んじゃった　　2　縮(ちぢ)めちゃった

11 ☐☐☐

249 田中さんは、だまって人の物を使うような＿＿＿＿人ではない。→ 190

1　さわがしい　　2　ずうずうしい

12 ☐☐☐

250 先生に、毎日 30 分は＿＿＿＿と言われています。→ 197

1　勉強するよう　　2　勉強しろ

11 ☐☐☐

앞 페이지 정답　240 1　241 2　242 1　243 2　244 1　245 2

제 3 주

	1~6일째	7일째 (복습)
1회차	/ 30 문제	/ 12 문제
2회차	/ 30 문제	/ 12 문제
3회차	/ 30 문제	/ 12 문제

 문자

- 6일째까지 마친 후 정답 수를 세어 기록합시다.
- 정답 수가 적은 분야가 있으면 다시 한 번 푼 후에 7일째로 나아갑시다.
- 7일째는 복습입니다. 다 마친 후 정답 수를 적고, 학습 효과를 확인합시다.

	1~6일째	7일째 (복습)
1회차	/ 30 문제	/ 12 문제
2회차	/ 30 문제	/ 12 문제
3회차	/ 30 문제	/ 12 문제

 어휘

	1~6일째	7일째 (복습)
1회차	/ 30 문제	/ 11 문제
2회차	/ 30 문제	/ 11 문제
3회차	/ 30 문제	/ 11 문제

 문법

앞 페이지 정답   246 2   247 2   248 1   249 2   250 2

_____ のことばに対し、ひらがなは漢字に、漢字はひらがなに直して、正しいものを選択肢から選びなさい。

_____ 의 단어에 대해 히라가나는 한자로, 한자는 히라가나로 고치고 바른 것을 선택지에서 고르시오.

_____ のところに何を入れますか。いちばんいいものを選択肢から一つ選びなさい。

_____ 에 무엇을 넣으면 좋은지 가장 적당한 것을 선택지에서 하나 고르시오.

_____ のところに何を入れますか。いちばんいいものを選択肢から一つ選びなさい。

_____ 에 무엇을 넣으면 좋은지 가장 적당한 것을 선택지에서 하나 고르시오.

문제

251 地下鉄の入リ口はあの<u>交差点</u>にありますよ。

1 こさてん
2 こうさてん
3 こしゃてん
4 こうしゃてん

1 □□□

252 若いときは、いくらお酒を飲んでも _____ だったが、最近はすぐに酔ってしまう。

1 平気
2 健康
3 まじめ
4 無事

1 □□□

253 病気に _____ 健康の大切さを知りました。

1 なってからでないと
2 ならないことには
3 なってはじめて
4 なってからでは

1 □□□

정답

251 **2** 地下鉄の入り口はあの**交差点**にありますよ。
지하철 입구는 저 교차로에 있습니다.

交	**コウ** : 交番 파출소・交通 교통
差	**サ** : 交差点 교차로・時差 시차
	時差ぼけ 시차 피로
点	**テン** : 点 점・100点 100점

252 **1** 若いときは、いくらお酒を飲んでも**平気**だったが、最近はすぐに酔ってしまう。
젊을 때는 아무리 술을 마셔도 아무렇지도 않았지만 요즘에는 금방 취해버린다.

平気な	(へいきな)	태연한 / 침착한 / 아무렇지도 않은
健康な	(けんこうな)	건강한
まじめな		진지한
無事な	(ぶじな)	무사한

253 **3** 病気に**なってはじめて**健康の大切さを知りました。
병이 나고 비로소 건강의 소중함을 알았습니다.

V₁ てはじめて V₂   V₁ 해서 비로소 V₂ (=V₁ 하기까지 V₂ 없다)

◆ 年を取って**はじめて**、年寄りの気持ちがわかった。
나이를 먹고 비로소 노인의 기분을 이해했다.

◆ 水道の水が止まって**はじめて**便利さを知った。
수도물이 멈추고 비로소 편리함을 알았다.

문제

1일째 제3주

254 ご不在でしたので、資料は中村様に<u>おあずけ</u>しました。

1　お届け
2　お頂け
3　お授け
4　お預け

2 □□□

255 A「奥さん、女優さんみたいにきれいですね。」
B「いやあ、_____ です。妻ももう年ですよ。」

1　しょうがない
2　おかげさま
3　とんでもない
4　もうしわけない

2 □□□

256 もっとうまく英語が_____ なあ。

1　話せない
2　話そうか
3　話せたら
4　話しても

2 □□□

정답

254

4 ご不在でしたので、資料は中村様に**お預け**しました。

부재중이었기에 자료는 나카무라 씨에게 맡겼습니다.

문자

在	**ザイ**：在学する 재학하다・滞在する 체재하다 存在 존재・不在 부재
資	**シ**：資料 자료・資源 자원
預	**ヨ**：預金 예금 **あず(-かる/ける)**：預かる 맡다・預ける 맡기다

255

3 A「奥さん、女優さんみたいにきれいですね。」
B「いやあ、**とんでもないです**。妻ももう年ですよ。」

A「부인이 여배우처럼 아름답습니다.」
B「아니오, 천만의 말씀입니다. 아내도 이제 나이가 들었습니다.」

어휘

とんでもない	천만에 / 당치도 않다 / 엄청나다
しょうがない	어쩔 수 없다 / 달리 방법이 없다. (= 仕方(が)ない)
おかげさまで	덕분에 ◆ A「お元気そうですね。」 A「건강해 보입니다.」 B「**おかげさまで**。」 B「덕분에요.」

256

3 もっとうまく英語が**話せたら**なあ。

OK 話せないかなあ／話せればなあ／話せたらいいのになあ

더 멋지게 영어를 말할 수 있으면 (좋겠는데).

문법

~たら(いいのに)なあ	**~といい(のに)なあ**	**~ば(いいのに)なあ**

~ 한다면 (좋은데) / ~ 라면 좋은 (데)   * 소원을 나타낸다

◆ 明日、晴れたらいいなあ。

내일 맑으면 좋으련만.

◆ もう少し背が高いといい(のに)なあ。

좀 더 키가 크면 좋을텐데.

문제

257 <u>申込書</u>は例を参考に記入してください。

1　しんこくしょ
2　しんせいしょ
3　もしこみしょ
4　もうしこみしょ

3 □□□

258 明日からしばらく留守にします。荷物が来たら _____ おいてください。

1　受け持って
2　受け取って
3　受け入れて
4　受け付けて

3 □□□

259 A「それ、高かったでしょう。」
B「_____ でもありませんよ。」

1　それ
2　それほど
3　それより
4　それくらい

3 □□□

정답

257 4 **申込書**は例を参考に記入してください。

신청서는 예문을 참고하여 기입해 주십시오.

문자

| 込 | **こ** (-む/-める): 込む 혼잡하다 / 붐비다 / 안에 넣다 · **申し込む** 신청하다
込める 속에 넣다 / 포함하다 / 담다 |
| 例 | **レイ**: 例 예
たと (-える): 例えば 예를 들면 |
| 記 | **キ**: 記事 기사 · 日記 일기
記号 기호
記入する 기입하다 · 暗記する 암기하다 |

---

258 2 明日からしばらく留守にします。荷物が来たら**受け取って**おいてください。

내일부터 한동안 부재중입니다. 짐이 오면 받아 놓아주십시오.

어휘

受け取る (うけとる)	받다
受け持つ (うけもつ)	맡다 / 담당하다
受け入れる (うけいれる)	받아들이다 / 승인하다
受け付ける (うけつける)	접수하다 / 받아들이다

---

259 2 A「それ、高かったでしょう。」
B「**それほど**でもありませんよ。」

A「그것, 비쌌지요?」 B「그다지 비싸지는 않았습니다.」

문법

~ほど ~ 만큼

- 今日は昨日**ほど**寒くない。(ほど≠くらい) 오늘은 어제만큼 춥지 않다.
- 昨日は足が痛くなる**ほど**歩いた。(ほど＝くらい)
  어제는 발이 아플 정도로 걸었다.

Nほど…はない N 만큼 N 은 아니다

- 田中さん**ほど**親切な人**はいない**。(ほど＝くらい)
  다나카 씨만큼 친절한 사람은 없다.

152

문제

1일째 **제3주**

260 あの団体は国際的な<u>かつどう</u>をしている。

1 運動
2 行動
3 活動
4 自動

문자

4 ☐☐☐

261 私は、殺人犯がまだこの近くにいるような ＿＿＿＿＿＿。

1 気がする
2 考えがある
3 感じになる
4 心を持っている

어휘

4 ☐☐☐

262 田中さんは仕事が終わっても、なかなか ＿＿＿＿＿＿。

1 帰るようにしていない
2 帰れないつもりだ
3 帰ってられない
4 帰ろうとしない

문법

4 ☐☐☐

정답

260 3 あの団体は国際的な活動をしている。

저 단체는 국제적인 활동을 하고 있다.

| 団 | ダン：団地 단지
団体 단체・集団 집단
| 的 | テキ：国際的な 국제적인・目的 목적
| 活 | カツ：活動 활동・生活 생활

문자

261 1 私は、殺人犯がまだこの近くにいるような気がする。

OK 感じがする

나는 살인범이 아직 이 근처에 있을 것 같은 느낌이 든다.

| 気がする | (きがする) 느낌이 든다
| 考え | (かんがえ) 생각
| 感じ | (かんじ) 느낌
| 心 | (こころ) 마음

어휘

262 4 田中さんは仕事が終わっても、なかなか帰ろうとしない。

다나카 씨는 일이 끝나도 좀처럼 돌아가려 하지 않는다.

V ようとする   V 하려고 한다

◆ 田中さんは留学をしようとしている。

다나카 씨는 유학을 하려고 한다.

V ようとしない   V 하려고 하지 않다

◆ 猫がえさを食べようとしないので、心配だ。

고양이가 먹이를 먹으려고 하지 않아서 걱정이다.

문법

154

문제

1일째 제3주

263 観光で海外へ行くので、準備をしているところです。

1 けんこう
2 けんこん
3 かんこう
4 かんこん

문자

5 ☐☐☐

264 その俳優は雑誌の ＿＿＿＿＿ に応じた後、テレビ局に向かった。

1 レポート
2 インタビュー
3 スピーチ
4 アナウンス

어휘

5 ☐☐☐

265 病気に ＿＿＿＿＿ 、食事に気をつけましょう。

1 ならないように
2 なることがなくて
3 ならないみたいに
4 なってはいけなくて

문법

5 ☐☐☐

정답

263 **3** 観光で海外へ行くので、準備をしているところです。

관광으로 해외에 가므로 준비를 하고 있는 중입니다.

문자

観 カン：観光 관광・観察する 관찰하다
　　　　観測する 관측하다
準 ジュン：水準 수준
　　　　基準 기준
備 ビ：準備する 준비하다・設備 설비
　そな(-える)：備える 갖추다

---

264 **2** その俳優は雑誌の**インタビュー**に応じた後、テレビ局に向かった。

그 배우는 잡지 인터뷰에 응한 다음 TV 방송국으로 갔다.

어휘

インタビュー	인터뷰
レポート	리포트　＊「リポート」라고도 한다
スピーチ	스피치
アナウンス	아나운스

---

265 **1** 病気に**ならないように**、食事に気をつけましょう。

병이 나지 않도록 식사에 신경을 씁시다.

문법

Vる／Vないように…　V 하다 / V 하지 않도록

＊목적・조언・희망을 나타낸다

◆ 母の病気が早く治るように祈っています。
　어머니의 병환이 빨리 낫도록 기도하고 있습니다.

◆ 聞いたことを忘れないようにメモをしましょう。
　들은 것을 잊지 않도록 메모를 합시다.

156

문제

2 일째 제 3 주

266 この<u>求人広告</u>は仕事の内容がよくわからない。

1 きゅうじんこうこく
2 きゅうにんこうこく
3 きゅうじんこうかく
4 きゅうにんこうかく

문자

6 □□□

267 今日の授業で習ったことをノートに ＿＿＿＿ みた。

1 あつめて
2 うめて
3 まとめて
4 ふくめて

어휘

6 □□□

268 危なかった。もう少しで事故になる ＿＿＿＿ 。

1 らしかった
2 そうだった
3 ところだった
4 途中だった

문법

6 □□□

정답

266

1 この**求人広告**は仕事の内容がよくわからない。

이 구인광고는 일의 내용을 잘 알 수 없다.

문자

| 求 | **キュウ**: 要求する 요구하다
　　　　　請求する 청구하다
もと(-める): 求める 요구하다
| 告 | **コク**: 報告する 보고하다・広告 광고
| 容 | **ヨウ**: 内容 내용・容器 그릇

267

3 今日の授業で習ったことをノートに**まとめて**みた。

오늘 수업에서 배운 것을 노트에 정리해 보았다.

어휘

まとめる	정리하다
集める (あつめる)	모으다
埋める (うめる)	묻다
含める (ふくめる)	포함하다　＊含む 포함

268

3 危なかった。もう少しで事故になる**ところだった**。

위험했다. 하마터면 사고가 날 뻔했다.

문법

(もう少しで) V るところだった　　(하마터면) V 할 뻔했다

◆ **もう少しで飛行機に乗り遅れるところだった。**
하마터면 비행기 탑승에 늦을 뻔했다.

◆ **もう少しで川があふれるところだった。**
하마터면 강이 넘칠 뻔했다.

少しで～ところだった

言わない！

158

문제

269 虫歯を<u>なおす</u>方法について医師から説明してもらった。

1 消す
2 移す
3 正す
4 治す

270 A「電車、混んでいた?」
B「ううん、_____ だったよ。」

1 のろのろ
2 うろうろ
3 そろそろ
4 がらがら

271 A「映画、おもしろかったよ。」
B「へえー。私も一緒に _____ 。」

1 行きたがっていた
2 行けなくてよかった
3 行こうとしたかった
4 行けばよかった

정답

269 4 虫歯を治す方法について医師から説明してもらった。
충치를 치료하는 방법에 대해 의사로부터 설명을 들었다.

|虫| **むし**：虫 벌레 / 충・虫歯 충치

|治| **ジ**：政治 정치
チ：自治 자치
なお (-る/-す)：治る 낫다・治す 낫게 하다 / 치료하다
おさ (-める)：治める 다스리다

|法| **ホウ**：方法 방법・文法 문법

---

270 4 A「電車、混んでいた？」 B「ううん、**がらがら**だったよ。」
A「전철, 붐볐었니?」   B「아니, 텅텅 비었던데.」

がらがら	텅텅비다 ◆ **がらがら**の電車 텅텅 빈 전철
のろのろ	느릿느릿 ◆ 電車が**のろのろ**走る 전철이 느릿느릿 달린다
うろうろ	서성거리는 모습
	◆ 変な男が**うろうろ**している。 이상한 남자가 서성거리고 있다.
そろそろ	슬슬 / 곧
	◆ **そろそろ**父が帰ってくる。 곧 아버지가 돌아온다.

---

271 4 A「映画、おもしろかったよ。」
B「へえー。私も一緒に**行けばよかった**。」

A「영화, 재미있었어.」
B「그래, 나도 같이 갔으면 좋았을 것을.」

| **V ばよかった** | **V たらよかった** | V 면 좋았다 / V 라면 좋았다 |

*후회를 나타낸다

◆ 田中さんにあんなこと**言わなければよかった**。
  다나카 씨에게 저런 말을 안 했으면 좋았을 것을.

◆ テスト、全然できなかった。もっと**勉強したらよかった**。
  테스트는 전혀 풀 수 없었다. 더 공부 했더라면 좋았을 것을.

문제

2 일째 **제 3 주**

272 二十歳未満の方への販売を<u>お断り</u>しております。

1 おとこわり
2 おことわり
3 おこだわり
4 おだこわり

8 □□□

273 映画は、_____ 映画館で見ることもありますが、たいていはDVDを借りて家で見ます。

1 たまに
2 ついに
3 わりに
4 まず

8 □□□

274 電話くれたらすぐ手伝いに _____ 、どうして言わなかったの？

1 行ったのに
2 行くつもりなので
3 行きたかったけれど
4 行けないだろうが

8 □□□

정답

272

2 二十歳未満の方への販売を**お断り**しております。

20 세 미만인 분에게는 판매를 사절하고 있습니다.

|未| ミ：未満 미만・未来 미래
|満| マン：満員 만원
　　　　満足する 만족하다
　　み (-ちる)：満ちる 넘치다
|断| ダン：判断する 판단하다
　　　　断水 단수
　　ことわ (-る)：断る 거절하다

273

1 映画は、**たまに**映画館で見ることもありますが、たいていは DVD を借りて家で見ます。

영화는 가끔 영화관에서 보는 경우도 있습니다만 대개는 DVD 를 빌려서 집에서 봅니다.

たまに	간혹 / 가끔
割に	(わりに) 비교적 / 꽤 (= 割合 (に))　　＊「わりと」라고도 말한다
ついに	드디어　◆ 絵が**ついに**完成した。 그림이 드디어 완성되었다.
まず	먼저 / 우선 (= 最初に)

274

1 電話くれたらすぐに手伝いに**行ったの**に、どうして言わなかったの？

전화 주었으면 곧바로 도우러 갔을 텐데 왜 말하지 않았어？

| ~ば…のに | ~たら…のに | ~ 면…텐데 /~ 라면…것인데

◆ **安かったら買うのに**。(= 安ければ買うのに)
싸면 살 텐데.

| V ばよかったのに | V 면 좋았을 텐데

| V たらよかったのに | V 라면 좋았을 것을

◆ 映画、おもしろかったよ。君も一緒に**来ればよかったのに**。
(= 来たらよかったのに)
영화 재미있었어. 너도 같이 왔으면 좋았을 텐데.

문제

2 일째 제3주

275 体重が<u>ふえた</u>ので、食べる量を減らしています。

1 太えた
2 多えた
3 過えた
4 増えた

문자

9 □□□

276 急に _____ と車にひかれるから、気をつけて。

1 飛び込む
2 通り過ぎる
3 飛び出す
4 通りかかる

어휘

9 □□□

277 田中さんの妹さんは、美人 _____ 、かわいい女性です。

1 というけれど
2 といっても
3 というより
4 といったら

문법

9 □□□

정답

275

4 体重が<u>増えた</u>ので、食べる量を減らしています。

체중이 늘었기 때문에 먹는 양을 줄이고 있습니다.

문자

| 増 | **ゾウ** : 増加する 증가하다
| | **ま** (-す) : 増す 늘다 / 커지다
| | **ふ** (-える/-やす) : 増える 늘다・増やす 늘리다
| 量 | **リョウ** : 量 량・分量 분량
| | **はか** (-る) : 量る 재다
| 減 | **ゲン** : 増減する 증감하다
| | **へ** (-る/-らす) : 減る 줄다・減らす 줄이다

276

3 急に<u>飛び出す</u>と車にひかれるから、気をつけて。

급히 뛰쳐나가면 자동차에 치이므로 조심해라.

어휘

飛び出す (とびだす)	뛰쳐나가다
飛び込む (とびこむ)	뛰어들다
通り過ぎる (とおりすぎる)	지나가다 / 통과하다
通りかかる (とおりかかる)	(우연히 / 마침) 지나가다

277

3 田中さんの妹さんは、美人<u>というより</u>、かわいい女性です。

다나카 씨의 여동생은 미인이라기 보다 귀여운 여성입니다.

문법

| **a というより b** | **a というか b** | a 라기보다 b / a 가 아니라 b

◆ あの人の部屋は汚い**というか**、ごみ箱のようです。

저 사람의 방은 지저분하다기보다 쓰레기통 같다.

| **～といっても** | ~ 라고 해도

◆ 12月**といっても**あんまり寒くありませんね。

12 월이라 해도 그다지 춥지 않네요.

문제 　　　　　　　　　　2 일째　제3주

278 何か問題が起こったら、<u>必ず</u>連絡して相談してください。

1　かならず
2　からなず
3　とれあいず
4　とりあえず

문자

10 ☐☐☐

279 桜の花が ＿＿＿＿ 後の道は、まるでピンクのじゅうたんみたいだ。

1　ちった
2　かれた
3　さいた
4　ひらいた

어휘

10 ☐☐☐

280 私は留学生 ＿＿＿＿ 日本に来ましたが、日本で就職をして、結婚もしました。

1　として
2　としたら
3　としては
4　としても

문법

10 ☐☐☐

정답

278

1 何か問題が起こったら、**必ず**連絡して相談してください。

어떤 문제가 생기면 반드시 연락하여 상담해 주십시오.

必	**ヒツ**：必要な 필요한・必死 필사
	かなら (-ず)：必ず 반드시 / 꼭
絡	**ラク**：連絡する 연락하다
談	**ダン**：相談する 상담하다・冗談 농담

279

1 桜の花が**散った**後の道は、まるでピンクのじゅうたんみたいだ。

벚꽃이 진 후의 길은 마치 핑크색 융단 같다.

散る (ちる) 떨어지다 / 지다
- 花が**散る** 꽃이 지다

枯れる (かれる) 시들다 / 마르다
- 木が**枯れる** 나무가 마르다

280

1 私は留学生**として**日本に来ましたが、日本で就職をして、結婚もしました。

저는 유학생으로서 일본에 왔습니다만 일본에서 취직하고 결혼도 했습니다.

N として N으로서
N としては N으로서는

- 田中さんはバスケットボールの選手**としては**背が低いほうです。
  다나카 씨는 농구선수로서는 키가 작은 편입니다.

N としても N으로서도

- 田中さんは夫**としても**親**としても**最高の人です。
  다나카 씨는 남편으로서도 부모로서도 최고의 분입니다.

문제

281 <u>地震</u>情報です。今日午前7時13分に地震がありました。

1　じんしん
2　じしん
3　じっしん
4　ちしん

282 洗濯物は、乾いたら _____ たたんで、しまいましょう。

1　しいんと
2　わざと
3　きちんと
4　そっと

283 もし休みが _____ 、旅行には行かずに家でのんびりしたいです。

1　取れたにしたら
2　取れたとしても
3　取れたにすれば
4　取れたとしては

정답

281 **2** <u>地震</u>情報です。今日午前7時13分に地震がありました。

지진정보입니다. 오늘 오전 7시 13분에 지진이 있었습니다.

震	シン：地震 지진
	ふる (-える)：震える 흔들리다
情	ジョウ：感情 감정・友情 우정
	事情 사정
報	ホウ：予報 예보・情報 정보

282 **3** 洗濯物は、乾いたら**きちんと**たたんで、しまいましょう。

세탁물은 마르면 깔끔히 접어서 정리합시다.

きちんと	깔끔히 / 정확히 / 단정히
	◆ **きちんと**座る 단정히 앉다
しいんと	쥐 죽은 듯이 / 찬물을 뿌린 듯
	◆ **しいんと**した部屋 쥐 죽은 듯한 방
わざと	일부러
	◆ **わざと**間違える 일부러 틀리다

283 **2** もし休みが**取れたとしても**、旅行には行かずに家でのんびりしたいです。

만약 휴가가 얻어지더라도 여행은 가지 않고 집에서 한가로이 보내고 싶습니다.

(もし)~としても (만약)~ 하더라도 (= もし~でも)(= 만약 ~ 라도)

◆ お金がたくさんあった**としても**幸せとは限らない。
돈이 많이 있더라도 행복한 것은 아니다.

(もし)~としたら/すれば (만약)~ 한다면 / 하면
(= もし~なら)(= 만약 ~ 라면)

◆ 自転車がない**としたら**、もう彼は帰ったんだろう。
자전거가 없다면 이미 그는 돌아갔을 것이다.

문제

284 この植物は葉の<u>かたち</u>がかわいいので、インテリアとして人気がある。

1 形
2 型
3 刑
4 列

285 おみやげを買いすぎて、スーツケースに全部＿＿＿＿＿＿ことができない。

1 つめる
2 つまる
3 つつむ
4 つもる

286 学校を辞めました。＿＿＿＿＿＿、父が亡くなって働かなければならないからです。

1 というと
2 というのは
3 というならば
4 ということは

정답

284

1 この<u>植物</u>は葉の<u>形</u>がかわいいので、インテリアとして<u>人気</u>がある。

이 식물은 잎 모양이 예쁘므로 인테리어로서 인기가 있다.

| 植 | **ショク**: 植物 식물
う(-える): 植える 심다 · 植木 식목
| 形 | **ケイ**: 形容詞 형용사　**ギョウ**: 人形 인형
かたち: 形 모양 / 형태
| 型 | **ケイ**: 典型的な 전형적인 · 模型 모형
かた: 型 모양 / 형
　　　超小型 초소형

285

1 おみやげを買いすぎて、スーツケースに<u>全部詰める</u>ことができない。

선물을 너무 많이 사서 슈트케이스에 전부 담을 수가 없다.

| 詰める | (つめる) 담다 / 집어넣다　＊詰まる 막히다
| 包む | (つつむ) 싸다 / 포장하다
| 積もる | (つもる) 쌓이다　◆ 雪が積もる 눈이 쌓이다

286

2 学校を辞めました。**というのは**、父が亡くなって働かなければならないからです。 학교를 그만두었습니다. 왜냐하면 아버지가 돌아가셔서 일을 하지 않으면 안 되기 때문입니다.

| **というのは** | 즉 / 왜냐하면　＊이유를 서술하다

◆ 来月、引っ越します。**というのは**、転勤になったからです。
다음달 이사합니다. 왜냐하면 전근하게 되었기 때문입니다.

| **というと** | **ということは** | 라면 / 라는 것은

◆ A「私、名前が変わりました。」
　B「**ということは**、ご結婚なさったんですか。」
　A「저 이름이 바뀌었습니다.」　　B「라는 것은, 결혼하셨습니까?」

문제

287 係員に整理券をもらえば、<u>並んで</u>待たなくてもいいそうです。

1 えらんで
2 まなんで
3 ならんで
4 にらんで

288 今の仕事は、内容は気に入っているが、給料については_____だ。

1 不要
2 不幸
3 不平
4 不満

289 _____、この手紙を出してきてくれませんか。

1 散歩のままで
2 散歩した最中に
3 散歩のついでに
4 散歩している中

정답

287 3 係員に整理券をもらえば、<u>並んで</u>待たなくてもいいそうです。

담당에게 정리권을 받으면 줄 서서 기다리지 않아도 된다고 합니다.

| 係 | ケイ: 関係する 관계하다
| | かかり: 係 담당
| 券 | ケン: 券 티켓・乗車券 승차권
| | 定期券 정기권
| | 特急券 특급권
| 並 | なら (-ぶ/-べる): 並ぶ 줄서다・並べる 줄세우다

---

288 4 今の仕事は、内容は気に入っているが、給料については<u>不満</u>だ。

지금의 일은 내용은 마음에 들지만 급여에 대해서는 불만이다.

| 不満な | (ふまんな) 불만족한 ⇔ 満足な 만족한   *満足する 만족하다
| 不要な | (ふような) 불필요한
| 不幸な | (ふこうな) 불행한 ⇔ 幸福な 행복한
| 不平 | (ふへい)   불평   ◆ 不平を言う 불평하다

不満する ✗ 不平する

言わない!

---

289 3 <u>散歩のついでに</u>、この手紙を出してきてくれませんか。

산책하는 김에 이 편지를 부쳐주시지 않겠습니까?

| ~ついでに | ~ 하는 김에

◆ 買い物に行くついでに郵便局へ寄った。
쇼핑하러 가는 김에 우체국에 들렀다.

| ~最中に | ~ 하는 사이 / ~ 할 때

◆ 会議の最中に、携帯電話が鳴った。
회의 할 때에 휴대전화가 울렸다.

172

문제

290 投手はよく投げたが、最後にホームランを打たれて<u>まけて</u>しまった。

1 負けて
2 無けて
3 失けて
4 欠けて

14 ☐☐☐

291 上司の私に向かって、そんな失礼なことを言うのは _____ だ。

1 いじわる
2 げひん
3 なまいき
4 のんき

14 ☐☐☐

292 今朝、牛乳を _____ 気持ちが悪くなって吐いた。

1 飲むところに
2 飲むたびに
3 飲んだとたんに
4 飲んだながら

14 ☐☐☐

정답

290

1 投手はよく投げたが、最後にホームランを打たれて**負けて**しまった。

투수는 잘 던졌으나 마지막에 홈런을 맞아서 지고 말았다.

投	**トウ**: 投票する 투표하다
	投書 투서
	な(-げる): 投げる 던지다
打	**う**(-つ): 打つ 치다
負	**フ**: 負担 부담
	勝負 승부
	ま(-ける): 負ける 지다

291

3 上司の私に向かって、そんな失礼なことを言うのは**生意気**だ。

상사인 나를 향해 그런 실례되는 말을 하는 것은 건방지다.

生意気な (なまいきな)	건방진
意地悪な (いじわるな)	심술궂은
下品な (げひんな)	품위 없는 ⇔ **上品**な 고상한
のんきな	느긋한 / 무사태평한

♦ **のんきな人** 무사태평한 사람

292

3 今朝、牛乳を**飲んだとたんに**気持ちが悪くなって吐いた。

오늘 아침 우유를 마시자마자 속이 나빠져서 토했다.

V たとたん (に) V 하자마자

♦ 窓を**開けたとたんに**、ハチが入ってきた。

창문을 열자마자 벌이 들어왔다.

V るたびに V 할 때마다

N のたびに N 때마다

♦ この曲を**聞くたびに**、亡くなった母を思い出す。

이 곡을 들을 때마다 돌아가신 어머니를 떠올린다.

문제

3 일째 제3주

293 私は<u>経済</u>に関する記事をよく読みます。

1 かいざい
2 かいさい
3 けいざい
4 けいさい

문자

15 ☐☐☐

294 田中さんに結婚を申し込まれたけれど、はっきり＿＿＿＿＿つもりです。

1 ことわる
2 きらう
3 いやがる
4 つきあえない

어휘

15 ☐☐☐

295 A「Bさんは泳げますか。」
B「＿＿＿＿＿が、ぜんぜん速くないです。」

1 泳げるつもりです
2 泳げることは泳げます
3 泳げるかもしれません
4 泳げるかどうか知りません

문법

15 ☐☐☐

정답

293

3 私は**経済**に**関**する 記事をよく読みます。

나는 경제에 관한 기사를 자주 읽습니다.

経 ケイ: 経済 경제・経験する 경험하다
　　　 経営する 경영하다・神経 신경
済 サイ: 経済 경제
　　　 す(-む): 済む 마치다/끝내다
関 カン: 関係する 관계하다
　　　 関する 관한・機関 기관

294

1 田中さんに結婚を申し込まれたけれど、はっきり**断る**つもりです。

다나카 씨에게 청혼을 받았으나 분명하게 거절할 생각입니다.

| **断る** (ことわる) | 거절하다 |
| **嫌う** (きらう) | 싫어하다 |

♦ 彼はみんなに**嫌われている**。 그는 모두가 싫어한다.

| **嫌がる** (いやがる) | 싫어하다 |
| **付き合う** (つきあう) | 사귀다/같이하다 |

295

2 A「Bさんは泳げますか。」

　 B「**泳げることは泳げます**が、ぜんぜん速くないです。」

A「B 씨는 헤엄칠 수 있습니까?」
B「헤엄은 칠 수는 있으나 전혀 빠르지 않습니다.」

~ことは~が…　~하기는 ~지만…

♦ パーティーに**行ったことは**行ったんです**が**、すぐに帰ってきました。

파티에 가기는 하였지만 곧 돌아왔습니다.

♦ その本は高い**ことは**高い**けれど**、必要なので買わなければいけない。

그 책은 비싸기는 하지만 필요하므로 사지 않을 수 없다.

문제

296 A「この毛糸のセーター、いい香りがするね。」
　　B「うん、これで洗ったの。」

1　もうふ
2　もうし
3　けえと
4　けいと

297 隣の家のテレビがうるさいので、＿＿＿＿＿＿＿を言いに行った。

1　文句
2　わがまま
3　不平
4　話し合い

298 その学生は、漢字＿＿＿＿＿＿＿、ひらがなもカタカナも書けません。

1　だけで
2　もちろん
3　ぐらいでなく
4　ばかりか

정답

296

4 A「この**毛糸**のセーター、いい**香**りがするね。」
　　B「うん、これで**洗**ったの。」

A 「이 털실 스웨터, 좋은 향기가 나네요.」
B 「응, 이것으로 세탁했지.」

| **毛** | **モウ**: 羊毛 양모 / 양털
　　け: 毛 털・毛糸 털실
| **糸** | **いと**: 糸 실
| **香** | **コウ**: 香水 향수
　　かお (-り): 香り 향

297

1 隣の家のテレビがうるさいので、**文句**を言いに行った。

옆집 TV 가 시끄럽기에 따지러 갔다.

文句 (もんく) 문구 / 불만
　◆ **文句を言う** 따지다 / 불평을 말하다

わがまま 마음대로 / 제 맘대로
　◆ **わがままな子供** 버릇없는 아이
　◆ **わがままを言う** 제 멋대로 말하다

298

4 その学生は、**漢字ばかりか**、ひらがなもカタカナも書けません。

그 학생은 한자뿐만 아니라 히라가나도 가타카나도 쓰지 못합니다.

N₁ ばかりか N₂ も | **N₁ ばかりではなく N₂ も**　N₁ 뿐만 아니라 N₂ 도

◆ 田中さんは英語**ばかりではなく**、中国語やフランス語**も**話せる。
　다나카 씨는 영어뿐만 아니라 중국어도 불어도 말할 수 있다.

N₁ はもちろん N₂ も　N₁ 은 물론 N₂ 도

◆ 田中さんはピアノ**はもちろん**、ギターやバイオリン**も**できる。
　다나카 씨는 피아노는 물론 기타와 바이올린도 할 수 있다.

299 畑にたねをまく。

1 草
2 種
3 根
4 豆

300 田舎の母に電話したが、_____。心配だ。

1 とどかない
2 つながらない
3 もどらない
4 そろわない

301 一年生は全員、この授業を受ける _____。

1 ことらしい
2 ことのようだ
3 ことをしている
4 ことになっている

정답

299

2 畑に**種**をまく。

밭에 씨를 뿌리다.

根 ね：根 뿌리
草 くさ：草 풀
種 シュ：種 종・人種 인종
　　　　種類 종류
　　たね：種 씨 / 종자

300

2 田舎の母に電話したが、**つながらない**。心配だ。

고향의 어머니에게 전화했으나 연결이 안 된다. 걱정이다.

つながる	연결되다
届く	(とどく) 도착하다
戻る	(もどる) 돌아가다 (오다)
そろう	갖추어지다

301

4 一年生は全員、この授業を受ける**ことになっている**。

1학년생은 전원 이 수업을 듣게 되어 있다.

V ることになっている　V 하게 되어 있다

◆ 明日、上司とそのことについて話し合う**ことになっている**。
　내일 상사와 그 일에 대해 얘기하게 되어 있다.

◆ 大学を卒業したら、父の仕事を継ぐ**ことになっている**。
　대학을 졸업하면 아버지의 일을 이어받게 되어 있다.

문제

4일째　제**3**주

302 <u>非常階段</u>はあそこです。

1　ひじょうかいだん
2　いじょうかいだん
3　ひじょうけいだん
4　いじょうけいだん

문자

303 停電なのか、電気が消えて ＿＿＿＿＿ 何も見えない。

1　まっくろで
2　うすくらくて
3　まっくらで
4　うすぐろくて

어휘

304 気に入った靴があったけど、買えなかったよ。＿＿＿＿＿。

1　高かっただけ
2　高かったんだって
3　高かったとか
4　高かったんだもん

문법

정답

302

1 **非常階段**はあそこです。
비상계단은 저기 입니다.

非	ヒ : 非常 비상・非常口 비상구・非常に 매우
階	カイ : 階段 계단・1階、2階、3階… 1층, 2층, 3층
段	ダン : 階段 계단・段階 단계
	手段 수단

303

3 停電なのか、電気が消えて**真っ暗で**何も見えない。
정전인지 전기가 나가서 깜깜하여 아무것도 보이지 않는다.

| 真っ暗な | (まっくらな) 깜깜한 |
| 真っ黒な | (まっくろな) 새까만 |

*真っ青な 새파란・真っ赤な 새빨간 〈읽기에 주의!〉

| 薄暗い | (うすぐらい) 침침한 |

真っ暗い

言わない!

304

4 気に入った靴があったけど、買えなかったよ。**高かったんだもん。**
마음에 드는 구두가 있었으나 살 수 없었어. 비쌌기 때문이야.

(だって)~もの/もん *이유

- A「どうして食べないの?」 B「**だってまずいんだもん**。」
  A「왜 안 먹지?」 B「맛이 없어서 그래.」

~とか **~んだって** *전문

- 社長が入院した**とか**。 사장님이 입원했던데.
- 田中さん、結婚する**んだって**。 다나카 씨가 결혼한다던데.

문제 4 일째 제3주

305 勝ったチームだけでなく、どのチームもよく<u>たたかった</u>。

1 戦った
2 争った
3 競った
4 健った

문자

19 □□□

306 夜中に起きて水を飲むのが _____ しまった。

1 くりかえして
2 ためになって
3 くせになって
4 あたりまえにして

어휘

19 □□□

307 今日のコンサート、何時から _____ ？

1 だっけ
2 とか
3 っぽい
4 なあ

문법

19 □□□

정답

305

1 勝ったチームだけでなく、どのチームもよく**戦った**。

이긴 팀뿐만이 아니라 모든 팀이 잘 싸웠다.

| 勝 | **ショウ**：優勝する 우승하다
| | **か** (-つ)：勝つ 이기다・勝手に 마음대로
| 戦 | **セン**：戦争 전쟁・延長戦 연장전
| | **たたか** (-う)：戦う 싸우다
| 争 | **ソウ**：競争する 경쟁하다・論争する 논쟁하다
| | **あらそ** (-う)：争う 싸우다 / 다투다

306

3 夜中に起きて水を飲むのが**くせになって**しまった。

밤중에 일어나 물을 마시는 것이 버릇이 되어버렸다.

くせになる	버릇이 되다
くり返す (くりかえす)	반복하다
ためになる	도움이 되다 (= 役に立つ)
当たり前 (あたりまえ)	당연

307

1 今日のコンサート、何時から**だっけ**？

오늘 콘서트, 몇 시부지?

~っけ？ *잊은 것을 생각해 내거나 확인하는 때에 사용

- 卒業式、いつ**だっけ**？ 졸업식 언제지？
- これ、前にも話した**っけ**？ 이거, 그 전에도 말했나？

~っぽい ~답다 / ~스럽다

- あの子、まだ13歳なのに、大人**っぽい**ね。(= 大人みたいだ)
  저 아이, 아직 13세인데 어른스럽군.

- 最近、忘れ**っぽく**なった。(= よく忘れるようになった)
  최근, 잘 잊어버린다.

문제

4일째 제 **3** 주

308 この会社は家具や食器を<u>製造</u>している。

1　せいぞう
2　せいじょう
3　そうぞう
4　そうじょう

20 □□□

309 今日は暑かった。早くシャワーを浴びて ＿＿＿＿＿＿＿
したい。

1　あっさり
2　こっそり
3　さっぱり
4　すっかり

20 □□□

310 私は1995年 a＿＿＿＿＿＿ 2000年 b＿＿＿＿＿＿、
ニューヨークに住んでいました。

1　a. いじょう　　　b. にかけて
2　a. にわたり　　　b. まで
3　a. から　　　　　b. にかけて
4　a. より　　　　　b. わたり

20 □□□

정답

308

1 この会社は家具や食器を**製造**している。

이 회사는 가구와 식기를 제조하고 있다.

| 具 | グ：道具 도구・家具 가구
| 器 | キ：器具 기구・食器 식기
| 造 | ゾウ：製造する 제조하다・構造 구조
　　　つく(-る)：造る 만들다

309

3 今日は暑かった。早くシャワーを浴びて**さっぱり**したい。

오늘은 더웠다. 빨리 샤워를 하여 개운해지고 싶다.

| さっぱり | 개운한 / 상쾌한
　　◆ **さっぱりする** 개운해지다
　　＊ **さっぱりわからない** 전혀 모른다
| あっさり | 깨끗하게 / 산뜻하게 / 시원한
　　◆ **あっさりした味** 시원한 맛
| こっそり | 가만히 / 살짝 / 몰래
　　◆ **こっそり逃げる** 살짝 도망가다

310

3 私は1995年ａ**から**2000年ｂ**にかけて**、ニューヨークに住んでいました。

저는 1995년부터 2000년에 걸쳐서 뉴욕에 살고 있었습니다.

| **N₁ から N₂ にかけて** | N₁ 부터 N₂ 에 걸쳐서 ＊N ＝ 시간・장소

◆ 昨夜、関東から東北にかけて大雨が降った。
　어제 저녁 관동지역에서 동북지역에 걸쳐서 큰 비가 내렸다.

| **N にわたって** | N 에 걸쳐서 ＊N ＝ 시간・횟수・장소의 범위

◆ その会議は5日間にわたって行われた。
　그 회의는 5 일에 걸쳐 실시되었다.

311 国際会議で決まったことを報告する。

1 こくせい
2 こくぜい
3 こくさつ
4 こくさい

312 早く仕事を _____、飲みに行こう。

1 終わられて
2 済ませて
3 仕上がらせて
4 できあげて

313 _____、私は彼と結婚します。

1 たとえ親が反対したら
2 たとえば親に反対したら
3 たとえ親に反対されても
4 たとえば親が反対されても

정답

311 4 <u>国際会議</u>で<u>決</u>まったことを<u>報告</u>する。
국제회의에서 결정된 것을 보고한다.

 문자

際	サイ	: 国際的な 국제적인
		~の際 ~ 할 때
議	ギ	: 会議 회의・不思議な 불가사의한
決	ケツ	: 解決する 해결하다・決定する 결정하다
		決心する 결심하다
	き (-まる/-める)	: 決まる 결정되다・決める 결정하다

---

312 2 早く仕事を<u>済ませて</u>、飲みに行こう。 OK 仕上げて／終わらせて
빨리 일을 마치고 마시러 가자.

어휘

済む (すむ) 마치다 (= 終わる)
  ◆ 食事が**済む** 식사를 마치다

済ませる (すませる) 마치다 / 끝나게 하다 (= 終わらせる)
  ◆ 宿題を**済ませる** 숙제를 끝내다
  * 済ます 마치다
  ◆ 仕事を**済ます** 일을 마치다

仕上がらせる
言わない！

---

313 3 <u>たとえ</u>親に反対され<u>ても</u>、私は彼と結婚します。
OK もしも親に反対されても
가령 부모가 반대하더라도 저는 그와 결혼합니다.

문법

たとえ~ても 가령 ~ 하더라도 (= もしも~ても)

◆ **たとえ**熱が出**ても**、明日の会議には出ます。
가령 열이 나더라도 내일 회의에는 참석합니다.

◆ **たとえ**冗談**でも**、そんなことを言うのはよくない。
가령 농담이라도 그런 말을 하는 것은 좋지 않다.

문제

314 トイレを使ったら、ここを押して水を<u>ながして</u>ください。

1. 流して
2. 移して
3. 過して
4. 汚して

315 もう、5時だ。夕飯の _____ をしなくちゃ。

1. しあがり
2. かたづけ
3. ようじ
4. したく

316 その学生は、講義を最後まで聞かない _____ 教室を出て行った。

1. あいだに
2. うちに
3. までに
4. 最中に

정답

314

1 トイレを使ったら、ここを押して水を**流して**ください。

화장실을 사용하면 여기를 눌러서 물을 흘려보내 주십시오.

流	リュウ：流行 유행・交流する 교류하다
	なが (-れる/-す)：流れる 흐르다・流す 흘려보내다
移	イ：移動する 이동하다
	うつ (-る/-す)：移る 옮기다 (상황)
	移す 옮기다 (물건)
過	カ：過去 과거・通過する 통과하다・過失 과실
	す (-ぎる/-ごす)：過ぎる 지나다 / 통과하다・～過ぎ 지나감 / 지나침
	過ごす 지내다

315

4 もう、5時だ。夕飯の**支度**をしなくちゃ。

벌써 5시다. 저녁 준비를 해야지.

| **支度** | (したく) | 준비 (= 準備) |

  ◆ 旅行の**支度** 여행 준비

仕上がり	(しあがり)	마무리 / 완성 / 성과
片付け	(かたづけ)	정돈 / 정리 / 치움
用事	(ようじ)	볼일 / 용건 / 용변

316

2 その学生は、講義を最後まで聞かない**うちに**教室を出て行った。

그 학생은 강의를 마지막까지 듣지 않고 교실을 나갔다.

～うちに　～중에 /～때에

◆ 働けるうちに働いてお金を貯めよう。(= 働ける間に)
  일할 수 있을 때에 일하여 돈을 모으자.

◆ 暗くならないうちに家に帰りなさい。(= 暗くなる前に)
  어두워지기 전에 집에 돌아오세요.

◆ 2、3日のうちにお伺いします。(= 2、3日の間に)
  2, 3일 중에 방문하겠습니다.

문제

317 科学技術の発<u>達</u>とともに、解決すべき問題も生じている。

1 はいたつ
2 はったつ
3 はたつ
4 はだつ

23 ☐☐☐

318 勉強しろ、勉強しろって、あんまり _____ 言われると、やる気がなくなるよ。

1 くわしく
2 うるさく
3 けわしく
4 ばからしく

23 ☐☐☐

319 そんなに夜遅く、子どもを _____ 。

1 外出させないわけだ
2 外出させるわけではない
3 外出させないべきだ
4 外出させるべきではない

23 ☐☐☐

정답

317 **2** 科学技術の**発達**とともに、解決すべき問題も**生**じている。

과학기술의 발달과 더불어 해결할 문제도 발생하고 있다.

문자

科	**カ**：**科**学 과학・**教科**書 교과서
達	**タツ**：発**達**する 발달하다・配**達**する 배달하다
	速**達** 속달 ＊友**達** 친구
解	**カイ**：理**解**する 이해하다・**解**決する 해결하다・**解**答 해답
	と (-ける/-く)：**解**ける 풀리다
	解く 풀다

---

318 **2** 勉強しろ、勉強しろって、あんまり**うるさく**言われると、やる気がなくなるよ。

공부해라, 공부해라고 너무 귀찮게 말하면 의욕이 없어져요.

어휘

うるさい	（＝やかましい／そうぞうしい／さわがしい）
	（＝시끄럽다／떠들썩하다／소란하다）
	◆ **うるさい**通り 소란스러운 길 ◆ **うるさく**言う 시끄럽게 말하다
険しい	(けわしい) 험하다／험상궂다／험악하다
	◆ **険しい**道 험한 길
ばからしい	바보스럽다

---

319 **4** そんなに夜遅く、子供を**外出させるべきではない**。

그렇게 밤늦게 아이들을 외출하게 해서는 안 된다.

문법

～べきではない ～해서는 안 된다

～べきだ ～해야 한다

◆ 悪いのは君だから、謝る**べきだ**。나쁜 쪽은 너니까 사과해야 한다.

～わけだ ～이유다

◆ 熱が 40 度もある。苦しい**わけだ**。열이 40 도나 있다. 힘이 들겠다.

～わけではない ～이지 않다

◆ 嫌いな**わけではない**が、甘いものはほとんど食べない。
싫지는 않지만 단 것은 거의 안 먹는다.

320 すみません、しおを取ってください。

1 砂
2 油
3 塩
4 乳

321 A「今、お茶をお持ちします。」
B「どうぞ＿＿＿＿＿。」

1 おかまいなく
2 ごえんりょなく
3 けっこうです
4 ご苦労様です

322 明日は一年に一回の試験だから、＿＿＿＿＿。

1 休むわけではない
2 休まないわけはない
3 休むわけにはいかない
4 休まないわけではない

정답

320

3 すみません、**塩を取って**ください。

미안합니다. 소금을 집어 주십시오.

塩	**しお**：塩 소금
砂	**サ**：砂糖 설탕
	すな：砂 모래
乳	**ニュウ**：牛乳 우유

321

1 A「今、お茶をお持ちします。」 B「どうぞ**おかまいなく**。」

A「지금, 차를 가져오겠습니다.」 B「신경 쓰지 않으셔도 좋습니다.」

おかまいなく 신경 쓰지 마세요 / 신경 쓰지 않으셔도

* 차 등을 권유받을 때에 말한다

遠慮 (えんりょ) 사양 / 겸손 / 원려

◆ A「〜をどうぞ。」B「**遠慮**なくいただきます。」

A「〜 을 드십시오 (받으십시오).」

B「사양없이 먹겠습니다 / 마시겠습니다.」

322

3 明日は一年に一回の試験だから、**休むわけにはいかない**。

내일은 1년에 한 번인 시험이므로 쉴 수는 없습니다.

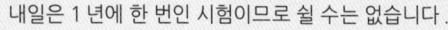

〜わけにはいかない **〜わけにもいかない** 〜 할 수는 없다

(= 〜 라는 것은 할 수 없다)

◆ 税金は払わない**わけにはいかない**。 세금은 납부하지 않을 수 없다.

〜わけ(が／は)ない 〜 이유가 없다 (= 〜 はず(が／は)ない)

◆ 先生に怒られてうれしい**わけがない**。 선생님에게 야단맞고 기쁠 리가 없다.

◆ 勉強しないのだから、試験が**できるわけはない**。

공부하지 않으니까 시험을 잘 칠 리가 없다.

문제

5일째 **제3주**

323 地球温暖化を<u>防ぐ</u>方法を話し合った。

1 いそぐ
2 あおぐ
3 ふせぐ
4 かつぐ

25 ☐☐☐

324 さあ、あとはねぎを細(こま)かく _____ 、のせるだけです。

1 いためて
2 むいて
3 むして
4 きざんで

25 ☐☐☐

325 英語(えいご)は _____ ですが、発音(はつおん)も悪(わる)いし下手(へた)なんです。

1 話(はな)せえる
2 話(はな)せえない
3 話(はな)せることもない
4 話(はな)せないことはない

25 ☐☐☐

정답

323 3 地球温暖化を**防ぐ**方法を話し合った。

지구온난화를 방지하는 방법에 대해 대화하였다.

문자

| 球 | **キュウ**: 地球 지구・野球 야구・電球 전구
| | **たま**: 球 구 / 볼
| 化 | **カ**: 変化する 변화하다・化学 화학・文化 문화
| | **ケ**: 化粧 화장
| 防 | **ボウ**: 防止する 방지하다・予防する 예방하다
| | **ふせ** (-ぐ): 防ぐ 방지하다

324 4 さあ、あとはねぎを細かく**刻んで**、のせるだけです。

자, 나머지는 파를 잘게 썰어 얹기만 하면 됩니다.

어휘

刻む	(きざむ) 잘게 썰다
むく	벗기다 ◆ 皮を**むく** 껍질을 벗기다
むす	찌다 ◆ シューマイを**むす** 슈마이를 찌다
いためる	볶다 ◆ 野菜を**いためる** 야채를 볶다

＊ご飯を炊く 밥을 짓다　＊お湯をわかす 물을 끓이다

325 4 英語は**話せないことはない**ですが、発音も悪いし下手なんです。

영어는 말하지 못하지는 않습니다만 발음도 나쁘고 서툽니다.

문법

~ないことは(/も)ない ~하지는 않으나

◆ 肉は食べ**ないこともない**ですが、あんまり好きじゃありません。

　고기는 먹지 않지는 않습니다만 그다지 좋아하지는 않습니다.

V 得る　**V 得ない**　＊V ます+える/えない

◆ あり**得る**。(= あるかもしれない) 있을 수 있다.

◆ あり**得ない**。(= 絶対にない) 있을 수 없다.

문제

6 일째　**제 3 주**

326 たいていの<u>冷蔵庫</u>には冷凍庫が付いている。

1　でいとうこ
2　れいとうこ
3　でいぞうこ
4　れいぞうこ

26 □□□

327 そんなぜいたくなものは、自分（じぶん）で ＿＿＿＿＿＿＿ ようになってから買（か）いなさい。

1　かせぐ
2　もうかる
3　とくをする
4　おごる

26 □□□

328 先生（せんせい）の ＿＿＿＿＿＿＿ 、日本語（にほんご）の勉強（べんきょう）が楽（たの）しくなりました。

1　おかげで
2　せいで
3　ためで
4　くせに

26 □□□

정답

326 ④ たいていの**冷蔵庫**には冷凍庫が付いている。
대부분의 냉장고에는 냉동고가 달려 있다.

蔵	**ゾウ**：冷蔵庫 냉장고
凍	**トウ**：冷凍庫 냉동고
	こお (-る)：凍る 얼다
庫	**コ**：金庫 금고

---

327 ① そんなぜいたくなものは、自分で**かせぐ**ようになってから買いなさい。
그렇게 사치스러운 것은 스스로 돈을 벌게 되면 사라.

かせぐ	(お金を) **かせぐ** (돈을) 벌다
もうかる	(お金が) **もうかる** (돈이) 벌리다 *もうける 벌다
得をする (とくをする)	득을 보다 ⇔ 損をする 손해를 보다
おごる	한턱내다 / 사치하다

---

328 ① 先生の**おかげで**、日本語の勉強が楽しくなりました。
선생님 덕분에 일본어 공부가 즐거워졌습니다.

~おかげで ~ 덕분에

◆ 運動した**おかげで**やせた。(= 運動したから) 운동한 덕분에 살이 빠졌다.

~せいで ~ 때문에

◆ 電車が遅れた**せいで**遅刻した。(= 遅れたから) 전철이 늦은 탓에 지각했다.

~くせに ~ 주제에

◆ あの子は小学生の**くせに**お化粧をしている。(= 小学生なのに)
저 아이는 초등학생 주제에 화장을 하고 있다.

198

문제

6 일째 제 3 주

329 このラベルには値段やその他、<u>しょうひん</u>に関する情報が書いてあります。

1 賞品
2 製品
3 食品
4 商品

27 □□□

330 A「田中さん、格好いいから女の子がたくさん寄ってくるでしょう。」
B「とんでもない。まったく _____ んですよ。」

1 気がない
2 ふられる
3 もてない
4 いやがられる

27 □□□

331 ぼくが東大を受けても落ちる _____ 。

1 にちがわない
2 にきまっている
3 ことがちがいない
4 ようきまっている

27 □□□

정답

329

4 このラベルには値段やその他、**商品**に関する情報が書いてあります。

이 라벨에는 가격과 기타 상품에 관한 정보가 적혀 있습니다.

문자

|値| **チ**: 価値 가치
　　ね: 値 값・値段 가격
|他| **タ**: 他の 타의・その他 기타
　　　他人 타인
　　ほか: 他の 다른 것의・~他 ~ 외
|商| **ショウ**: 商業 상업・商品 상품

330

3 A「田中さん、格好いいから女の子がたくさん寄ってくるでしょう。」
　　B「とんでもない。まったく**もてない**んですよ。」

A「다나카 씨, 멋있으니까 여자 아이들이 많이 다가오지요.」
B「안그렇습니다. 전혀 인기 없어요.」

어휘

| **もてる** | 인기가 있다 |

　◆ **女の子にもてる** 여자 아이들에게 인기 있다
　　⇔ **もてない** 인기 없다

| **気がある** (きがある) | 마음이 있다 |

| **ふる** | 거절하다 / 각하하다 / 버리다 |

　◆ **彼女をふる** 그녀를 차버리다 ⇔ **ふられる** 차이다

331

2 僕が東大を受けても落ちる**に決まっている**。

내가 도쿄대학을 지원해도 낙방은 정해져 있다.

문법

| **~に決まっている** | ~ 로 정해져 있다 |

| **~に違いない** | ~ 에 틀림 없다 (= きっと~だ) |

◆ それはうそ**に決まっている**。
　그것은 거짓말임이 뻔하다.

◆ 日曜日だからレストランは混んでいる**に違いない**。
　일요일이므로 레스토랑은 붐빌 것이 틀림없다.

문제

332 <u>修理</u>が完了したら、営業を再開します。

1　しょり
2　しゅり
3　しゅうり
4　しょうり

---

333 A「大きい犬なのに、下を見て ＿＿＿＿ いるよ。」
　　B「人間が怖いんじゃない？」

1　ゆれて
2　なでて
3　ふるえて
4　なめて

---

334 熱が高いので病院に行った ＿＿＿＿ 、インフルエンザだと言われた。

1　ところ
2　ところに
3　ところへ
4　ところを

332

3 修理が完了したら、営業を再開します。

수리가 완료되면 영업을 재개합니다.

문자

修	シュウ：修理する 수리하다・修正する 수정하다
完	カン：完全な 완전한・完璧な 완벽한 完成する 완성하다・完了する 완료하다
営	エイ：営業 영업・営業中 영업 중 経営する 경영하다

333

3 A「大きい犬なのに、下を見てふるえているよ。」
B「人間が怖いんじゃない？」

A「큰 개인데도 아래를 보고 떨고 있네요.」
B「인간이 무서운 것이 아닌가?」

어휘

ふるえる	떨고 있다
ゆれる	흔들리다
なでる	쓰다듬다
なめる	핥다

334

1 熱が高いので病院に行ったところ、インフルエンザだと言われた。

열이 높아서 병원에 갔더니 인플루엔자라고 한다.

문법

Ⅴたところ Ⅴ한 바 (= Ⅴてみたら)

◆ その仕事を田中さんに頼んだところ、引き受けてくれた。
그 일을 다나카 씨에게 부탁했더니 받아주었다.

～ところを ～한 데도 (= 今～(な)のに)

◆ お忙しいところを来ていただいて、ありがとうございました。
바쁘신데도 와주셔서 감사합니다.

문제

335 笑っているように<u>なく</u>鳥がいる。

1 泣く
2 拉く
3 鳴く
4 嶋く

336 そんなに目を _____ だめよ。アレルギーの薬、ちゃんと飲んでる？

1 こすっちゃ
2 ひねっちゃ
3 ほどいちゃ
4 つまっちゃ

337 今日の新聞 _____ 、今年の夏はいつもより暑いそうです。

1 によって
2 について
3 にとって
4 によると

정답

335

3 笑っているように**鳴く**鳥がいる。

웃는 것처럼 우는 새가 있다.

笑	わら (-う) : 笑う 웃다
	え (-む) : 微笑む 미소 짓다・笑顔 웃는 얼굴
鳴	な (-く) : 鳴く 울다
	な (-る/-らす) : 鳴る 울리다 / 소리가 나다
	鳴らす 소리를 내다 /(명성을) 떨치다
泣	な (-く) : 泣く 울다

문자

336

1 そんなに目を**こすっちゃ**だめよ。アレルギーの薬、ちゃんと飲んでる？

그렇게 눈을 비비면 안 돼. 알레르기 약, 제대로 먹고 있니?

こする	비비다
ひねる	비틀다
	◆ 水道の蛇口を**ひねる** 수도꼭지를 틀다
ほどく	풀다
	◆ ひもを**ほどく** 끈을 풀다 ⇔ 結ぶ 묶다

어휘

337

4 今日の新聞**によると**、今年の夏はいつもより暑いそうです。

OK 今日の新聞によれば

오늘 신문에 의하면 금년 여름은 여느 때보다 덥다고 합니다.

Nによると **Nによれば** N에 의하면 **Nによって** ＊N＝수단

◆ 父は努力**によって**成功した。 아버지는 노력으로 성공했다.

Nにとって N에게

◆ 私**にとって**カタカナは難しい。 나에게 가타카나는 어렵다.

Nについて N에 대해

◆ 新しい計画**について**意見を言った。 새로운 계획에 대해 의견을 말했다.

문법

문제

6 일째 | **제 3 주**

338 その２倍くらいの<u>厚さ</u>に切って焼いてください。

1　あつさ
2　ひろさ
3　ふかさ
4　おもさ

문자

30 □□□

339 今日は、先輩におごってもらったし、くじ引きで２等が当たったし、＿＿＿＿＿＿＿ なあ。

1　ましになった
2　ついてた
3　おしかった
4　うけてた

어휘

30 □□□

340 このレストラン、有名な店 ＿＿＿＿＿＿＿ 、あんまりおいしくないですね。

1　にしても
2　によっても
3　にしては
4　にとっては

문법

30 □□□

정답

338

1 その２倍くらいの<u>厚さ</u>に切って焼いてください。

그 2 배 정도 두께로 잘라서 구워주십시오.

倍	バイ：倍 배・１倍、２倍、３倍 … 1 배, 2 배, 3 배
厚	コウ：厚生労働省 후생노동성
	あつ (-い)：厚い 두껍다・厚かましい 뻔뻔스럽다
焼	や (-く/-ける)：~を焼く ~ 을 굽다
	~が焼ける ~ 가 구워지다

339

2 今日は、先輩におごってもらったし、くじ引きで２等が当たったし、**ついてた**なあ。

오늘은 선배한테 대접받았고 복권에서 2 등에 당첨됐고 운이 좋았어.

ついている	운이 좋다 (= ラッキーだ)
ましになる	나아지다
おしい	아깝다

340

3 このレストラン、<u>有名な店**にしては**</u>、あんまりおいしくないですね。 **OK** 有名な店のわりには

이 레스토랑은 유명점으로서는 그다지 맛있지 않다.

| ~にしては | ~わりには | ~ 로서는 / ~ 비해서는 (= ~ (な)のに) |

◆ 田中さんは<u>日本人**にしては**</u>背が高い。(= 日本人のわりには)
다나카 씨는 일본인으로서는 키가 크다.

| ~にしても | ~ 라고는 해도 |

◆ ダイヤモンドは高い**にしても**、これは高すぎると思います。
다이아몬드는 비싸다고는 하지만 이것은 너무 비싸다고 생각합니다.

제 3 주 7일째

341 誕生日に人形をもらいました。→284
1 にんぎょ　　2 にんぎょう

1 ☐☐☐

342 土産にこうすいを買ってきた。→296
1 香水　　2 幸水

2 ☐☐☐

343 果物はビタミンCを多く_____。→267
1 集める　　2 含む

1 ☐☐☐

344 そんな仕事をだれも引き受けないのは、_____ と思いますよ。→306
1 あたりまえだ　　2 もうしわけない

2 ☐☐☐

345 リンさんは、クラスで一番よくできる。だから、試験に落ちる_____。→322
1 わけがない　　2 わけにはいかない

1 ☐☐☐

346 中級の問題_____、そんなに難しくありませんよ。→277
1 といっても　　2 というより

2 ☐☐☐

문자
어휘
문법

문제

347 店員には元気な人を<u>求めます</u>。 →266

1 まとめます　　　2 もとめます

3 □□□

348 <u>せんそう</u>がなくなってほしい。 →305

1 競争　　　2 戦争

4 □□□

349 この辺りは、雪が降っても ＿＿＿＿ ことはほとんどありません。 →285

1 つつむ　　　2 つもる

3 □□□

350 もう少し、塩か何かを入れたらどう？ちょっと ＿＿＿＿ しすぎているように思うよ。 →309

1 あっさり　　　2 こっそり

4 □□□

351 すごく楽しかったよ。あなたも一緒に ＿＿＿＿ 。 →274

1 来たらいいのに　　　2 来ればよかったのに

3 □□□

352 ＿＿＿＿、子供のことを心配するのは当然です。 →280

1 親として　　　2 親ばかりか

4 □□□

앞 페이지 정답　341 2　342 1　343 2　344 1　345 1　346 1

353 <u>断水</u>のお知らせです。

　1　だんすい　　　2　せっすい

354 <u>みらい</u>社会を予想する。

　1　未来　　　　　2　来未

355 今日買えば3割引きだったのに、昨日買って_____よ。

　1　そんしちゃった　2　そんになっちゃった

356 みかんもむいてほしいって、ずいぶん_____なご主人ね。

　1　なまいき　　　2　わがまま

357 駅に着いた_____忘れ物に気がついて、取りにもどった。

　1　とちゅうに　　2　とたんに

358 もし、私の言うことが本当だった_____、あなたはどうしますか。

　1　としても　　　2　としたら

앞 페이지 정답　347　2　348　2　349　2　350　1　351　2　352　1

문제

359 <u>植木</u>に水をやる。→ 284

1　うえき　　　　2　しょくもく

360 宿題が<u>すんだ</u>ら、テレビを見る。→ 293

1　住んだ　　　　2　済んだ

361 まだ全員が _____ から、もう少し待ちましょう。→ 300

1　そろわない　　2　まとまらない

362 A「お茶、まだ？」
B「まだお湯が _____ いないから、ちょっと待って。」→ 324

1　たいて　　　　2　わいて

363 A「田中さん、40歳だって。」
B「_____ 若く見えるね。」→ 340

1　それにしては　2　それだけに

364 母はデパートに行く _____ 、ケーキを買ってくる。→ 292

1　たびに　　　　2　最中に

앞 페이지 정답　353　1　354　1　355　1　356　2　357　2　358　2

365 必要なものは全部そろえた。→ 278

1 ひつよう　　　2 しつよう

366 何しゅるいありますか。→ 299

1 書類　　　2 種類

367 ＿＿＿＿ので、寄ってみました。→ 276

1 通り過ぎた　　　2 通りかかった

368 A「どう？まだ頭が痛い？」
B「さっきより ＿＿＿ けど、まだ少しね。」→ 339

1 さっぱりした　　　2 ましになった

369 A「来年試験を受けます。」
B「＿＿＿、今年は受けないということですね。」→ 286

1 というより　　　2 ということは

370 この国の人々に ＿＿＿ 一番の問題は、水が不足しているということだ。→ 337

1 とっての　　　2 対しての

앞 페이지 정답　359 1　360 2　361 1　362 2　363 1　364 1

문제

371 <u>資料</u>をコピーする。 →254

1　しょるい　　　　2　しりょう

372 となりの席に<u>うつる</u>。 →314

1　移る　　　　　　2　写る

373 そんなにしょんぼりしてどうしたの？彼女に_____の？ →330

1　ふられた　　　　2　なめられた

374 A「知っていたけれど、田中さんには教えなかった。」
B「_____ねえ。」 →291

1　いじわるだ　　　2　いやがる

375 みなさんの応援の_____優勝できました。 →328

1　おかげで　　　　2　せいで

제 4 주

	1~6일째	7일째 (복습)
1회차	/30 문제	/12 문제
2회차	/30 문제	/12 문제
3회차	/30 문제	/12 문제

 문자

- 6일째까지 마친 후 정답 수를 세어 기록합시다.
- 정답 수가 적은 분야가 있으면 다시 한 번 푼 후에 7일째로 나아갑시다.
- 7일째는 복습입니다. 다 마친 후 정답 수를 적고, 학습 효과를 확인합시다.

	1~6일째	7일째 (복습)
1회차	/30 문제	/12 문제
2회차	/30 문제	/12 문제
3회차	/30 문제	/12 문제

 어휘

	1~6일째	7일째 (복습)
1회차	/30 문제	/11 문제
2회차	/30 문제	/11 문제
3회차	/30 문제	/11 문제

 문법

_____ のことばに対し、ひらがなは漢字に、漢字はひらがなに直して、正しいものを選択肢から選びなさい。

_____ 의 단어에 대해 히라가나는 한자로, 한자는 히라가나로 고치고 바른 것을 선택지에서 고르시오.

_____ のところに何を入れますか。いちばんいいものを選択肢から一つ選びなさい。

_____ 에 무엇을 넣으면 좋은지 가장 적당한 것을 선택지에서 하나 고르시오.

_____ のところに何を入れますか。いちばんいいものを選択肢から一つ選びなさい。

_____ 에 무엇을 넣으면 좋은지 가장 적당한 것을 선택지에서 하나 고르시오.

문제

376 雲が広がり、風が<u>吹いて</u>、波も高くなってきた。

1 ひいて
2 ふいて
3 すいて
4 はいて

1 □□□

377 ダイエットが成功したのか、彼女はとても _____ になったね。

1 ハンサム
2 ユニーク
3 ファッション
4 スマート

1 □□□

378 先生 _____ あんな言い方をしたら失礼だよ。あやまったほうがいいよ。

1 にくらべて
2 にたいして
3 にしたら
4 にとって

1 □□□

정답

376 **2** 雲が広がり、風が**吹いて**、波も高くなってきた。

구름이 퍼지고 바람이 불고 파도도 높아졌다.

문자

|雲| **くも** : 雲 구름
|吹| **ふ**(-く) : 吹く 불다
|波| **ハ** : 電波 전파
　　 なみ : 波 파도

---

377 **4** ダイエットが成功したのか、彼女はとても**スマート**になったね。

다이어트에 성공했는지 그녀는 매우 스마트해졌어.

어휘

スマート	스마트　*영어의 의미와 다르므로 주의
ユニーク	유니크
ファッション	패션
ハンサム	핸섬　*여성에게는 사용하지 않음

---

378 **2** 先生**に対して**あんな言い方をしたら失礼だよ。謝ったほうがいいよ。

선생님에게 저런 말투로 하면 실례지. 사과하는 것이 좋겠다.

문법

Nに対して　N에 대해

◆ 田中さんは、**子供に対して**大変厳しい。
　다나카 씨는 아이들에게 매우 엄격하다.

Nにしたら **Nにすれば**　N으로서는 (=N에게는)

◆ 洋服を着せるのは**犬にしたら**迷惑だろう。
　양복을 입히는 것은 강아지로서는 귀찮을 것이다.

216

문제

379 80円の切手を10 <u>まい</u> ください。

1 箱
2 杯
3 冊
4 枚

2 ☐☐☐

380 最近、お年寄りに席を _____ 若者が多いと思う。

1 まわさない
2 わたさない
3 ゆずらない
4 つながない

2 ☐☐☐

381 明日、休んでいいですよ。_____、あさっては必ず来てください。

1 そのかわりに
2 それにかんして
3 それにくわえて
4 それにたいして

2 ☐☐☐

정답

379 4 80円の切手を10**枚**ください。

80 엔의 우표를 10 장 주십시오 .

枚	**マイ**：1枚、2枚… 1장 , 2장
箱	**はこ**：箱 상자・ごみ箱 쓰레기통
杯	**ハイ**：1杯、2杯… 1잔 , 2잔
冊	**サツ**：1冊、2冊… 1권 , 2권

문자

380 3 最近、お年寄りに席を**ゆずらない**若者が多いと思う。

최근 노인에게 자리를 양보하지 않는 젊은이가 많다고 생각한다 .

ゆずる	양보하다
渡す (わたす)	건네다
回す (まわす)	돌리다
つなぐ	◆ 手を**つなぐ** 손을 잡다

어휘

381 1 明日、休んでいいですよ。**そのかわりに**、あさっては必ず来てください。

내일 쉬어도 좋습니다 . 그 대신 모레는 반드시 오시기 바랍니다 .

~かわりに ~ 대신에

◆ 私が日本語を教える**かわりに**、英語を教えてくれませんか。
　제가 일본어를 가르쳐 드리는 대신에 영어를 가르쳐 주시겠습니까 ?

◆ あなたの**かわりに**私が行きましょうか。
　당신 대신에 제가 갈까요 ?

문법

문제

1 일째 **제 4 주**

382 混んでいる通勤電車で、足を<u>組んだり</u>通路に荷物を置いたりすると、じゃまになる。

1 くんだり
2 ふんだり
3 うんだり
4 もんだり

문자

3 ☐☐☐

383 東京での生活は、家賃も高いし、_____ です。

1 らく
2 きつい
3 はげしい
4 もったいない

어휘

3 ☐☐☐

384 こんなにたくさんの料理、いくらぼくでも食べ_____ よ。

1 かけない
2 たてない
3 きれない
4 おえない

문법

3 ☐☐☐

정답

382 **1** 混んでいる通勤電車で、足を**組んだり**通路に荷物を置いたりすると、じゃまになる。

혼잡한 통근 전철에서 다리를 꼬거나 통로에 짐을 두거나 하면 방해가 된다.

| 勤 | **キン**：通勤する 통근하다・勤務する 근무하다
つと (-める)：勤める 근무하다 |
|---|---|
| 組 | **くみ**：番組 프로그램 (TV, 라디오 등)　**く** (-む)：組む 짜다 |
| 路 | **ロ**：道路 도로・線路 선로・通路 통로 |

---

383 **2** 東京での生活は、家賃も高いし、**きつい**です。

도쿄에서의 생활은 집세가 비싸고 힘듭니다.

きつい	◆ 生活が**きつい** 생활이 힘들다 (＝きびしい)
	◆ ズボンが**きつい** 바지가 끼인다 ⇔ **ゆるい** 헐렁하다
楽な (らくな)	편안한 / 쉬운
	◆ どうぞ楽になさってください。 편하게 하십시오.

---

384 **3** こんなにたくさんの料理、いくら僕でも食べ**切れない**よ。

이렇게 많은 요리는 아무리 저라도 다 먹을 수는 없어요.

V切る　V 다하다　＊100% ~다하다

◆ 使い**切る** 다 사용하다　◆ 読み**切る** 다 읽다　◆ 食べ**切る** 다 먹다

Vかける　V 시작하다 / V 하던 중

◆ 本を読み**かけた**とき、電話が鳴った。(＝読み始めたとき)
책을 읽기 시작했을 때 전화가 울렸다.

◆ 食べ**かけ**のパン (＝食べている途中の)
먹고 있던 빵

문제

385 あの<u>けん</u>についての感想をお聞かせください。

1 案
2 事
3 件
4 題

4 ☐☐☐

386 A「車、混んでいるね。」
B「うん、全然進まないから _____ するよ。」

1 のろのろ
2 どきどき
3 ぎりぎり
4 いらいら

4 ☐☐☐

387 日本では、北へ行けば行く _____ 寒くなります。

1 ほど
2 くらい
3 せいか
4 からか

4 ☐☐☐

정답

385

3 あの**件**についての感想をお聞かせください。

그 건에 대한 감상을 들려주십시오.

件	ケン：件 건・事件 사건・条件 조건
想	ソウ：思想 사상・感想 감상
感	カン：感動する 감동하다
	感心する 감탄하다・感じる 느끼다
	感情 감정・感覚 감각

386

4 A「車、混んでいるね。」

B「うん、全然進まないから**いらいら**するよ。」

A「자동차가 붐비네요.」
B「응, 전혀 나갈 수 없으니 짜증이 나네요.」

いらいら	짜증	◆ **いらいら**する 짜증이 나다 / 애가 타다
のろのろ	느릿느릿	◆ **のろのろ**歩く 느리게 걷다
どきどき	두근두근	◆ **どきどき**する 두근거리다
ぎりぎり	겨우	◆ **ぎりぎり**間に合う 겨우 당도하다

387

1 日本では、北へ行けば行く**ほど**寒くなります。

일본에서는 북쪽으로 가면 갈수록 추워진다.

(~ば) ~ほど (~면) ~수록

- 山は登れば登る**ほど**、気温が低くなる。
  산은 오르면 오를수록 기온이 낮아진다.

- 若い人**ほど**よく寝る。 젊은 사람일수록 잘 잔다.

~せいか ~때문인지

- 重いものを持った**せいか**、腰が痛い。(= 重いものを持ったためか)
  무거운 것을 들었기 때문인지 허리가 아프다.

문제

1 일째 **제 4 주**

388 うちでは娘も息子も一日に２回シャワーを<u>浴びる</u>。

1 おびる
2 わびる
3 なびる
4 あびる

문자

5 ☐☐☐

389 ちょっと、この椅子を _____ くれる？ 掃除機かけるから。

1 どけて
2 かたづいて
3 はずして
4 くずして

어휘

5 ☐☐☐

390 このパソコンは修理しても直らないのだから、捨てるより _____ 。

1 こそない
2 だけない
3 しかない
4 ほかない

문법

5 ☐☐☐

정답

388 **4** うちでは娘も息子も一日に２回シャワーを<u>浴びる</u>。

우리집에서는 딸도 아들도 하루에 두 번 샤워를 한다.

息	**ソク**：休息する 휴식하다
	いき：息 숨 *息子 아들
娘	**むすめ**：娘 딸
浴	**あ(-びる)**：浴びる 뒤집어 쓰다 *浴衣 목욕의 / 유카타

---

389 **1** ちょっと、この椅子を<u>どけて</u>くれる？ 掃除機かけるから。

OK 片付けてくれる？

잠깐 이 의자를 치워줄래? 청소를 할 거니까.

どける	치우다 / 비키다 *どく 치우다
	◆ ちょっと、**どいて**ください。 잠깐 비켜주세요.
外す (はずす)	떼다 / 벗기다
	◆ ボタンを**外す** 단추를 벗기다
くずす	무너뜨리다 / 깨트리다
	◆ お札を**くずす** 지폐를 잔돈으로 바꾸다

---

390 **4** このパソコンは修理しても直らないのだから、捨てるより<u>ほかない</u>。 **OK** 捨てるしかない

이 컴퓨터는 수리해도 고쳐지지 않으므로 버릴 수밖에 없다.

Vるよりほか(は)ない | **Vるしかない**

V 할 수밖에 없다 (=～しなければならない)

◆ 明日は手術の日だ。<u>医者に任せるよりほかない</u>。(=任せるしかない)
내일은 수술날이다. 의사에게 맡길 수밖에 없다.

◆ お金がないから、買うのを<u>あきらめるしかない</u>。
(=あきらめるよりほかない)
돈이 없으므로 사는 것을 포기할 수밖에 없다.

문제

2 일째　제**4**주

391 資料を<u>配ります</u>から、参加者の人数を数えてください。

1　こばります
2　くばります
3　めくります
4　まくります

6 ☐☐☐

392 にきびは、無理やり _____ とあとが残るから、
　　さわらないように。

1　とかす
2　しぼる
3　つぶす
4　ひねる

6 ☐☐☐

393 料理の本に _____ 作ったのに、おいしくなかった。

1　書いてあるとおりに
2　書いてあったどおり
3　書くことをとおして
4　書くことをつうじて

6 ☐☐☐

정답

391

2 資料を<u>配ります</u>から、参加者の人数を数えてください。

자료를 배부하겠으므로 참가 인원을 알려주십시오.

문자

|数| スウ：数字 숫자・数学 수학

かず：数 수　かぞ (-える)：数える 세다

|加| カ：参加する 참가하다・加熱する 가열하다

くわ (-わる/-える)：加わる 참가하다 / 같이하다

　　　　　　　　　加える 더하다

|配| ハイ：心配な 염려스러운・心配する 염려하다

くば (-る)：配る 배부하다

392

3 にきびは、無理やり<u>つぶす</u>とあとが残るから、さわらないように。

여드름은 무리해서 쥐어짜면 자국이 남으므로 만지지 않도록.

어휘

| つぶす | 쥐어짜다 / 뭉개다
◆ 箱を**つぶす** 상자를 찌부러뜨리다　＊つぶれる 찌부러지다

| とかす | 녹이다 / 풀다 / 빗다
◆ 髪を**とかす** 머리를 빗다

| しぼる | 짜다 / 압축하다
◆ タオルを**しぼる** 타올을 짜다

393

1 料理の本に<u>書いてある</u>とおりに作ったのに、おいしくなかった。

요리책에 쓰인 대로 만들었으나 맛이 없었다.

문법

| **V とおり (に)** | **N のとおり (に)** | **N どおり (に)** |

(＝～と同じように) ～와 마찬가지로 / ～대로

◆ そのビルの建築は、計画どおりに進んでいます。
그 빌딩의 건축은 계획대로 진행되고 있습니다.

| **N を通して** |(Nをとおして)| **N を通じて** |(Nをつうじて)　N을 통하여　＊읽기에 주의！

◆ <u>友人を通じて</u>、田中さんと知り合いになりました。(＝<u>友人を通して</u>)
친구를 통하여 다나카 씨와 아는 사이가 되었습니다.

문제

394 このくらいの計算なら、慣れているので、<u>まかせて</u>ください。

1 件せて
2 仕せて
3 任せて
4 在せて

395 このごろすごく肩がこるんですが、ストレスが_____せいかもしれません。

1 はやっている
2 たまっている
3 あつまっている
4 つもっている

396 ニュースによると、中国で大地震があった_____。

1 ものだ
2 ことだ
3 ということだ
4 というものだ

정답

394 **3** このくらいの計算なら、慣れているので、**任せて**ください。

이 정도의 계산이라면 익숙하므로 맡겨주십시오.

문자

| 慣 | **カン**: 習慣 습관
| | **な** (-れる): 慣れる 익숙하다
| 算 | **サン**: 計算する 계산하다 · 予算 예산
| 任 | **ニン**: 責任 책임
| | **まか** (-せる): 任せる 맡기다 / 위임하다

---

395 **2** このごろすごく肩がこるんですが、ストレスが**たまっている**せいかもしれません。

요즘음 매우 어깨가 결리는데 스트레스가 쌓인 때문인지 모르겠습니다.

어휘

| **たまる** | 쌓이다 / 고이다
  - 水が**たまる** 물이 고이다
  - お金が**たまる** 돈이 쌓이다
| **流行る** (はやる) | 유행하다
  - 風邪が**流行っている** 감기가 유행하고 있다

---

396 **3** ニュースによると、中国で大地震があった**ということだ**。

뉴스에 의하면 중국에서 대지진이 있었다고 한다.

문법

| **~ということだ** | **~とのことだ** | (= ~そうだ) ~ 라고 한다

*전문

- 今日は寒かったね。明日は、暖かい**ということだ**よ。
  오늘은 추웠어. 내일은 따뜻하다고 하네.

- 田中さんは少し遅れる**とのことです**。
  다나카 씨는 조금 늦는다고 합니다.

228

문제

397 高い場所の<u>掃除</u>は危険ですから、注意してください。

1 しょうじ
2 そうじ
3 せいそう
4 さくじょ

8 □□□

398 海外旅行に行くから、だれかに猫を _____ もらわないといけない。

1 世話になって
2 そだてて
3 あたえて
4 あずかって

8 □□□

399 さっき雨が _____ 、もうやんでいます。

1 降ったかのようで
2 降ったかと思ったら
3 降っていると思うと
4 降ってないかのようで

8 □□□

정답

397 2 高い場所の**掃除**は危険ですから、注意してください。

높은 곳의 청소는 위험하므로 주의해 주십시오.

| 掃 | **ソウ**：掃除 청소　**ジョ**：削除する 삭제하다
| 除 | **ジ**：掃除 청소
| | **のぞ** (-く)：除く 제외하다
| 険 | **キ**：危険な 위험한

398 4 海外旅行に行くから、だれかに猫を**預かって**もらわないといけない。　OK 猫の世話をして

해외여행을 가기 때문에 누군가에게 고양이를 맡기지 않으면 안 된다.

| **預かる** (あずかる)　맡다　＊預ける 맡기다
  - 子供を保育園に預ける 아이를 보육원에 맡기다
  - お金を銀行に預ける 돈을 은행에 맡기다
| **育てる** (そだてる)　키우다
| **与える** (あたえる)　주다 / 부여하다

399 2 さっき雨が**降ったかと思ったら**、もうやんでいます。

방금 비가 오는가 했는데 벌써 그쳤습니다.

| **Vた(か)と思ったら** | **Vた(か)と思うと** | (＝Vてすぐに) V라 생각했는데

- この子は、泣いたと思ったらもう笑っている。
  이 아이는 우는가 했는데 벌써 웃고 있다.

- 桜が咲いたかと思うと、もう散り始めた。
  벚꽃이 피었나 했는데 벌써 지기 시작했다.

230

문제

2 일째 제 4 주

400 散歩中に、すてられた子猫を見つけた。

1 拾てられた
2 落てられた
3 捨てられた
4 育てられた

401 昨日、のども痛くて熱っぽかったんですが、一日_____寝たら、治ったようです。

1 すっかり
2 すっきり
3 ぐっすり
4 びっしょり

402 この問題_____解いてしまえば、今日の宿題は終わる。

1 さえ
2 なんか
3 でさえ
4 なんて

정답

400

3 散歩中に、**捨てられた**子猫を見つけた。

산책 중에 버려진 새끼 고양이를 발견했다.

散	**サン**：散歩する 산책하다
	ち (-る)：散る 떨어지다 / 날리다
捨	**す** (-てる)：捨てる 버리다 ⇔ 拾う 줍다
猫	**ねこ**：猫 고양이

401

3 昨日、のども痛くて熱っぽかったんですが、一日**ぐっすり**寝たら、治ったようです。

어제 목도 아프고 열이 있었습니다만 하루 푹 잤더니 나은 것 같습니다.

ぐっすり	푹 / 실컷
	◆ **ぐっすり**寝る 푹 자다
すっきり	말끔히 / 산뜻하게
	◆ **すっきり**する 말끔해지다
びっしょり	흠뻑
	◆ **びっしょり**濡れる 흠뻑 젖다

402

1 この問題**さえ**解いてしまえば、今日の宿題は終わる。

이 문제만 풀어버리면 오늘 숙제는 끝이다.

~さえ…ば ~만…면

◆ この薬を飲み**さえすれば**、頭痛はすぐに治りますよ。
   이 약을 먹기만 하면 두통은 곧 낫습니다.

~なんか **~なんて** **~など** ~ 같은 것 / ~라니 / ~등
*부정적인 기분을 나타낸다

◆ お金**なんか**ほしくない。 돈 같은 것은 원하지 않는다.
◆ あの人が親切だ**なんて**、とんでもない。
   저 사람이 친절하다니 천만의 말씀이다.

문제

403 <u>宅配</u>の希望時間を午前中にした。

1　たっぱい
2　たくばい
3　たくぱい
4　たくはい

404 怪（あや）しい人（ひと）が通（とお）りかかったときだけほえるなんて、＿＿＿＿＿＿犬（いぬ）だね。

1　りこうな
2　おとなしい
3　そそっかしい
4　ひとなつっこい

405 あのクラスは、上級（じょうきゅう）＿＿＿＿＿＿やさしい。

1　くせに
2　のわりには
3　に応（おう）じて
4　に対（たい）して

정답

403

4 宅配の希望時間を午前中にした。

택배의 희망시간을 오전 중으로 했다.

문자

宅	タク：住宅 주택・自宅 자택
	お宅 집
	宅配便 택배편
希	キ：希望 희망
望	ボウ：希望する 희망하다
	望遠鏡 망원경
のぞ (-む)：望む 바라다・望み 바람

404

1 怪しい人が通りかかったときだけほえるなんて、利口な犬だね。

수상한 사람이 지나갈 때에만 짖다니 똑똑한 개다.

어휘

利口な	(りこうな) 똑똑한
おとなしい	점잖은 / 순한
	◆ おとなしい子供 순한 어린이
そそっかしい	경솔하다 / 방정맞다
人なつっこい	(ひとなつっこい) 붙임성 있다 / 사람을 잘 따른다
	◆ 人なつっこい赤ちゃん 붙임성이 있는 아기

405

2 あのクラスは、上級のわりには易しい。

저 반은 상급인데도 쉽다.

문법

Nのわりには N인데도 / N에 비해 (= N なのに)

◆ 彼女は年のわりには若く見える。 그녀는 나이에 비해 젊어보인다.

Nに応じて N에 따라서 (= N에 합쳐서)

◆ 時と場所に応じて、服装や言葉づかいも変わる。
시간과 장소에 따라서 복장과 말투가 변한다.

문제

3 일째 제 **4** 주

406 この薬は痛みによく<u>効いて</u>、眠くなりません。

1 きいて
2 とどいて
3 ひいて
4 ひびいて

문자

11 □□□

407 こんな簡単なこともわからない彼に、＿＿＿＿＿してしまった。

1 あきて
2 あきれて
3 いやがって
4 いやがられて

어휘

11 □□□

408 まじめな彼が休むなんて、何か＿＿＿＿＿違いない。

1 あったに
2 あったようで
3 あっただろうに
4 あったらしく

문법

11 □□□

정답

406

1 この薬は痛みによく**効いて**、眠くなりません。

이 약은 통증에 잘 들으며 졸리지 않습니다.

문자

| 痛 | **ツウ**：頭痛 두통
| | **いた** (-い)：痛い 아프다
| 効 | **コウ**：有効な 유효한・効果 효과
| | **き** (-く)：効く 듣다
| 眠 | **ねむ** (-る)：眠る 자다   **ねむ** (-い)：眠い 졸리다

407

2 こんな簡単なこともわからない彼に、**あきれて**しまった。

이런 간단한 것도 모르는 그에게 기가 막혔다.

어휘

あきれる	기가 막히다
あきる	싫증나다 / 물리다
嫌がる (いやがる)	싫어하다

408

1 真面目な彼が休むなんて、何か**あったに違いない**。

성실한 그가 결근하다니 무슨 일이 있었음에 틀림없어.

문법

~に違いない   ~에 틀림없다 (= きっと~だ)

♦ あの二人、よく似ているから、親子**に違いない**。
저 둘은 많이 닮았으므로 부자지간임에 틀림없다.

~まい (= ~ないだろう)

♦ 病気ではある**まい**。(= 病気ではないだろう) 병은 아닐 것이다.

~まいか (= ~ないだろうか)

♦ 病気ではある**まいか**。(= 病気ではないだろうか) 병이 아닐까?

문제

409 予約を<u>とりけして</u>ください。

1　取り貸して
2　取り直して
3　取り正して
4　取り消して

문자

410 ＿＿＿＿＿ 育った子供には問題が多いと言われている。

1　かわいがられて
2　しつけられて
3　わがままされて
4　あまやかされて

어휘

411 息子がけがをしたと聞いて、どんなに ＿＿＿＿＿ 。

1　心配したっけ
2　心配したことか
3　心配したまいか
4　心配したものだ

문법

정답

409

4 予約を取り消してください。
예약을 취소해 주십시오.

문자

| 予 | ヨ: 予習 예습・予約 예약
天気予報 일기예보 |
| 約 | ヤク: 約束 약속・予約 예약 |
| 消 | ショウ: 消防 소방・消費税 소비세 |
| き (-える): 消える 꺼지다 |
| け (-す): 消す 끄다・消しゴム 지우개 |

410

4 甘やかされて育った子供には問題が多いと言われている。
응석받이로 자란 아이에게는 문제가 많다고 한다.

어휘

甘やかす (あまやかす)	응석 부리게 하다 *甘える 응석 부리다
かわいがる	귀여워하다
しつける	가르치다 / 길들이다

411

2 息子がけがをしたと聞いて、どんなに心配したことか。
아들이 다쳤다고 듣고 얼마나 걱정했는지.

문법

どんなに/どれだけ/何度 V たことか 얼마나 *강조

◆ 遅刻するなと彼に何度注意したことか。
지각하지 말라고 그에게 얼마나 주의시켰는지.

〜ものだ ~ 것이다 (= ~のが普通だ)

◆ 子供は早く寝るものだ。遅くまで起きているものではない。
어린이는 빨리 자야 한다. 늦게까지 일어나 있어서는 안 된다.

문제

412 夢は、留学して勉強し、国に帰ってから人々の<u>役に立つ</u>仕事をすることです。

1 らくにたつ
2 わきにたつ
3 やくにたつ
4 えきにたつ

413 手入れをするときは、＿＿＿＿布で軽くふいてください。

1 ぬらされた
2 しめらせた
3 しぼられた
4 かわかされた

414 土日は一週間の疲れが 取れる ＿＿＿＿、ゆっくり休むことにしている。

1 ために
2 ように
3 わけで
4 そうで

정답

412

3 夢は、留学して勉強し、国に帰ってから人々の**役に立つ**仕事をすることです。

꿈은 유학해서 공부하고 귀국하여 사람들에게 도움이 되는 일을 하는 것입니다.

| 夢 | **ム**：夢中 몰두함
| | **ゆめ**：夢 꿈
| 留 | **リュウ**：留学する 유학하다・留学生 유학생
| | **ル**：留守 부재중
| 役 | **ヤク**：役 역할・役に立つ 도움이 되다・市役所 시청

413

2 手入れをするときは、**湿らせた**布で軽くふいてください。

손질을 할 때에는 적신 천으로 가볍게 닦아 주십시오.

| **湿らせる** (しめらせる) | 젖게하다 ＊湿る 축축해지다
| **ぬらす** | 적시다 ＊ぬれる 젖다
| **乾かす** (かわかす) | 말리다 ＊乾く 마르다

414

2 土日は一週間の疲れが取れる**ように**、ゆっくり休むことにしている。

OK 疲れを取るために

토, 일요일은 일주일간의 피로가 해소되도록 충분히 쉬도록 하고 있다.

VようにVる V도록 V하다

＊ V ＝무의식동사 / 가능형 / ない형

♦ 風が入らない**ように**窓を閉める。 바람이 들어오지 않도록 창을 닫는다.

♦ 忘れない**ように**ノートに書いておこう。
 잊지 않도록 노트에 써놓자.

문제

415 この文章を直すのは<u>むずかしい</u>。

1 漢しい
2 難しい
3 涼しい
4 忙しい

14 □□□

416 お近くにお越しのときは、_____ お立ち寄りください。

1 ついに
2 ぜひ
3 とたんに
4 たまに

14 □□□

417 信用されたかったら、人の悪口を言わない_____。

1 ことだ
2 ことではない
3 ことはない
4 こともある

14 □□□

정답

415 **2** この文章を直すのは**難しい**。

이 문장을 고치는 것은 어렵다.

문자

|章| **ショウ**：文章 문장
|直| **なお** (-る/-す)：〜が直る 〜가 고쳐지다・〜を直す 〜를 고치다
　　ジキ：正直な 정직한
|難| **むずか** (-しい)：難しい 어렵다

---

416 **2** お近くにお越しのときは、**ぜひ**お立ち寄りください。

가까이에 오실 때에는 꼭 들려주십시오.

어휘

ぜひ	꼭 *강조를 나타낸다
ついに	드디어
とたんに	하자마자 (= 急に)(= 갑자기)
たまに	간혹 / 가끔

---

417 **1** 信用されたかったら、人の悪口を言わない**ことだ**。

신용 받고 싶으면 남의 험담을 하지 않아야 한다.

문법

| **V ることだ** | **V ないことだ** | V 해야 한다 / V 하지 않아야 한다 |

＊조언할 때에 사용

◆ 風邪を引いたときは、早く**寝ることです**。
　감기에 걸렸을 때는 빨리 자야 합니다.

| **V ること** | **V ないこと** | V 할 것 / V 하지 않을 것 |

＊명령을 나타낸다

◆ 借りた本は一週間以内に**返すこと**。 빌린 책은 일주일 이내에 반납할 것.

242

418 高速道路の左側に遊園地が見えてきた。

1 ゆうえんち
2 ゆえんち
3 ようえんち
4 よえんち

419 ＿＿＿＿、間に合わなかったときは、代わりにスピーチをお願いします。

1 とうとう
2 やっと
3 いきなり
4 まんがいち

420 その本なら貸してあげるから、＿＿＿＿ことはないよ。

1 買わない
2 買った
3 買う
4 買える

정답

418

1 高速道路の左側に遊園地が見えてきた。

고속도로의 좌측에 유원지가 보였다.

速	ソク：高速道路 고속도로
	はや (-い)：速い 빠르다
側	がわ：右側 우측・左側 좌측
園	エン：公園 공원・動物園 동물원

문자

419

4 万が一、間に合わなかったときは、代わりにスピーチをお願いします。

만약 시간에 맞추지 못하였을 때는 대신에 스피치를 부탁합니다.

万が一	(まんがいち) 만약 ＊「もし(も)」의 강조
とうとう	드디어 ＊나쁜 결과에 사용하는 경우가 많다
やっと	겨우 ＊좋은 결과에 사용한다
いきなり	갑자기 (＝急に)(＝급히)

어휘

420

3 その本なら貸してあげるから、買うことはないよ。

그 책이라면 빌려줄 테니 살 필요는 없어.

Vることはない (＝Vなくていい／Vる必要はない) V할 일은 없다

◆ その傘はついでのときでいいです。わざわざ返しに**来ることはありません**。

그 우산은 다음 기회에 괜찮습니다. 일부러 돌려주러 오실 필요는 없습니다.

◆ 君があやまる**ことはない**よ。悪いのは僕のほうだから。

네가 사과할 것은 없어. 나쁜 것은 내 쪽이니까.

문법

421 高級な<u>布団</u>も、丸い形のこたつ用のも色々ございます。

1 うどん
2 ふだん
3 ふとん
4 ふたん

422 もう10年以上も前のことなので記憶が＿＿＿＿になっている。

1 あいまい
2 でたらめ
3 たしか
4 ふあん

423 「お一人様一点限り」とは、つまり、一人一つしか買えないが、三人なら三つ買える＿＿＿＿。

1 ほかない
2 わけがない
3 にきまっている
4 ということだ

정답

421 3 高級な**布団**も、丸い形のこたつ用のも色々ございます。

고급스러운 이불도 둥근 형태의 코타츠용 이불도 여러 가지 있습니다.

布	**フ**：財布 지갑・布団 이불・毛布 모포
級	**キュウ**：初級 초급・中級 중급
	上級 상급
丸	**まる**：丸 둥근
	まる(-い)：丸い 둥글다

---

422 1 もう10年以上も前のことなので記憶が**あいまい**になっている。

이미 10년 이상이나 전의 일이므로 기억이 애매해졌다.

あいまいな	애매한 ◆ **あいまいな言葉** 애매한 말
でたらめ	엉터리 / 황당
確かな (たしかな)	확실한
不安な (ふあんな)	불안한

---

423 4 「お一人様一点限り」とは、つまり、一人一つしか買えないが、三人なら三つ買える**ということだ**。

「한 사람 1점 한정」이란 즉 한 사람이 1개밖에 살 수 없지만 세 사람이면 3개 살 수 있다는 것이다.

(つまり)~ということだ (즉)~ 라는 것이다

*설명할 때 사용

◆ 「年中無休」、**つまり**、この店はいつでも営業している**ということだ**。

「연중무휴」, 즉 이 가게는 언제나 영업하고 있다는 것이다.

246

문제

424 「本当に申しわけないが、今月は給料がはらえない。」
と社長は言った。

1 費えない
2 払えない
3 賃えない
4 与えない

17 □□□

425 毎日体操をしないといけないのに、このごろ _____
一週間もしないこともある。

1 へらして
2 あきれて
3 はぶいて
4 なまけて

17 □□□

426 すみません、電車が遅れた _____ 、遅くなってしまいました。

1 ものですから
2 ことですから
3 んですから
4 わけですから

17 □□□

정답

424

2 「本当に申しわけないが、今月は給料が<u>払えない</u>。」と社長は言った。

「정말 죄송하지만 이번 달은 급여를 지불하지 못한다.」라고 사장님은 말했다.

문자

|当| **トウ**: 適当な 적당한

あ (-たる/-てる): 当たる 맞다 / 당첨되다・当てる 맞히다

|給| **キュウ**: 給料 급여・供給 공급 ⇔ 需要 수요

|払| **はら** (-う): 払う 지불하다 / 물리치다・支払う 지불하다

425

4 毎日体操をしないといけないのに、このごろ<u>なまけて</u>一週間もしないこともある。

매일 체조를 하지 않으면 안 되는데 최근 게을러서 1 주일이나 안 하는 경우도 있다.

어휘

怠ける (なまける) 게으르다　＊怠け者 게으름뱅이

＊サボる 게으름 피우다

◆ 授業をサボる 수업을 빠지다 (=授業に出ない)(= 수업에 안 가다)

省く (はぶく) 생략하다

426

1 すみません、電車が遅れた<u>ものですから</u>、遅くなってしまいました。

OK 遅れて／遅れたので／遅れましたから／遅れたんです。それで

미안합니다, 전철이 늦어졌기 때문에 늦어지게 되었습니다.

문법

~ものだから ~한 것이기에 (=~なので)(=~ 이므로)

＊「ものですから」는 정중한 말씨

◆ 父は毎日暇な**ものだから**、テレビばかり見ている。

아버지는 매일 한가하므로 TV 만 보고 있다.

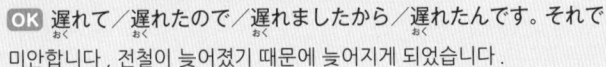

遅れたん　ですから

言わない！

문제

427 この辺は<u>自然</u>がゆたかで、星もよく見えます。

1 しせん
2 じぜん
3 しぜん
4 じぜん

문자

428 セーターはハンガーに _____ 、ネットの上で広げて乾かしてください。

1 まとめないで
2 つるさないで
3 たたまないで
4 かためないで

어휘

429 ここは桜の花がとても _____ ことから、桜が丘と呼ばれるようになった。

1 きれい
2 きれいな
3 きれいだ
4 きれいの

문법

정답

427 **3** この辺は**自然**がゆたかで、星もよく見えます。

이 부근은 자연이 풍부하고 별도 잘 보입니다.

|辺| ヘン : 辺 부근・周辺 주변
あた (-り) : 辺り 부근
|然| ゼン : 自然 자연・全然 전혀・当然 당연
ネン : 天然 천연
|星| ほし : 星 별

---

428 **2** セーターはハンガーに**つるさないで**、ネットの上で広げて乾かしてください。

스웨터는 옷걸이에 걸지 말고 네트 위에 펼쳐서 말려 주십시오.

つるす 걸다
固める (かためる) 굳히다

◆ セメントを**固める** 시멘트를 굳히다

---

429 **2** ここは桜の花がとても**きれいな**ことから、桜が丘と呼ばれるようになった。

여기는 벚꽃이 매우 아름답기 때문에 벚꽃 언덕이라 불리게 되었다.

~ことから ~때문에

*유래를 나타낸다 *접속에 주의!

◆ 雪の日に**生まれた**ことから、彼女は雪子という名前になった。
눈 오는 날에 태어났기 때문에 그녀는 유키코라는 이름이 되었다.

◆ 彼は髪の色が**赤い**ことから、にんじんというニックネームがついた。
그는 머리색이 적색이기 때문에 당근이라는 닉네임이 붙었다.

문제

4일째 제**4**주

430 農家の人から、卵や<u>はたけ</u>でとれた野菜をもらった。

1 畑
2 田
3 苗
4 細

문자

19 ☐☐☐

431 彼は性格がいいだけでなく、礼儀 _____ からみんなに好かれている。

1 いい
2 ある
3 ただしい
4 おおい

어휘

19 ☐☐☐

432 忘れ物をしないように、私はいつも前の日に準備しておく _____ 。

1 べきます
2 わけにはいかない
3 ことです
4 ようにしている

문법

19 ☐☐☐

정답

430 1 農家の人から、卵や畑でとれた野菜をもらった。

농가의 사람으로부터 달걀과 밭에서 수확한 야채를 받았다.

|農| ノウ：農業 농업・農家 농가・農産物 농산물
　　　　農薬 농약
|卵| たまご：卵 달걀・卵焼き 계란말이
　　　　目玉焼き 계란 후라이
|畑| はたけ：畑 밭

431 3 彼は性格がいいだけでなく、礼儀<u>正しい</u>からみんなに好かれている。

그는 성격이 좋을 뿐만 아니라 예의가 바르기 때문에 모두에게 호감을 사고 있다.

礼儀正しい (れいぎただしい) 예의 바르다　＊行儀がいい 예절이 바르다

432 4 忘れ物をしないように、私はいつも前の日に準備しておく<u>ようにしている</u>。　OK 準備しておくことにしている

물건을 잊지 않도록 나는 언제나 전날에 준비해 두도록 하고 있다.

V るようにしている V 도록 하고 있다

◆ 習ったことはその日のうちに<u>復習するようにしている</u>。
배운 것은 그날 중에 복습하도록 하고 있다.

＊ V 하지 않도록 하고 있다

◆ 太るので、甘いものは<u>食べないようにしています</u>。
살이 찌므로 단 것은 먹지 않도록 하고 있습니다.

433 この学校の生徒たちは政治について深い関心を持っている。

1 せいち
2 せいじ
3 しょうち
4 しょうじ

20 ☐☐☐

434 ああ、大変！ お風呂が_____いるよ。

1 こぼれて
2 あふれて
3 わいて
4 たまって

20 ☐☐☐

435 A「今度、プールに行かない？」
B「ごめん、ぼく、_____泳げないんだよ。」

1 まったく
2 けっして
3 めったに
4 ぜったいに

20 ☐☐☐

정답

433 **2** この学校の生徒たちは**政治**について深い関心を持っている。

이 학교 학생들은 정치에 대해서 깊은 관심을 가지고 있다.

徒	ト：生徒 학생
政	セイ：政府 정부・政治 정치
深	シン：深夜 심야
	ふか (-い)：深い 깊다

---

434 **2** ああ、大変！ お風呂が**あふれて**いるよ。

아, 큰일났다! 목욕탕이 넘치고 있어요.

あふれる	넘치다
こぼれる	흘리다 / 쏟아지다
わく	◆ お湯が**わく** 물이 끓다
	◆ お風呂が**わく** 목욕물이 데워지다

---

435 **1** A「今度、プールに行かない？」
B「ごめん、僕、**全く**泳げないんだよ。」

A「이번에 수영장에 안 갈래?」
B「미안, 나는 전혀 헤엄을 못쳐.」

全く~ない	전혀 ~ 않다
決して~ない	결코 ~ 않다
めったに~ない	거의 ~ 않다
絶対に~ない	절대로 ~ 않다

◆ **絶対にあきらめない。** 절대로 포기하지 않는다.

*絶対に試験に受かりたい。 절대로 시험에 합격하고 싶다.

문제

436 日本語能力試験のN3というのは、日常の会話や読み書きが可能なレベルです。

1 かのう
2 くのう
3 かのん
4 くのん

437 雨にぬれないように、自転車にカバーを_____。

1 かさねた
2 つつんだ
3 ほした
4 かぶせた

438 A「もう食べないの？」
B「_____、おなかがいっぱいなんだもん。」

1 だって
2 それで
3 ただし
4 つまり

정답

436

1 日本語能力試験のN3というのは、日常の会話や読み書きが**可能**なレベルです。

일본어능력시험의 N3 라는 것은 일상 회화나 읽고 쓰기가 가능한 레벨입니다.

문자

| 常 | ジョウ：日常 일상・正常な 정상적인・常識 상식
つね：常に 항상
| 可 | カ：可能な 가능한・不可 불가
| 能 | ノウ：能力 능력・機能 기능
性能 성능

437

4 雨に濡れないように、自転車にカバーを**かぶせた**。

비에 젖지 않도록 자전거에 커버를 씌웠다.

어휘

| **かぶせる** | 씌우다 （＝かける）
| **干す** | (ほす) 말리다

♦ 洗濯物を**干す** 세탁물을 말리다.

438

1 A「もう食べないの？」

B「**だって**、おなかがいっぱいなんだもん。」

A「더 먹지 않니?」　　　B「그럼, 배가 부르거든.」

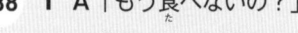

문법

| **だって** | ＊이유를 나타낸다　＊「だって～もの / もん」의 형태로 많이 된다.
| **それで** | ＊상대의 말을 물을 때에 사용한다
| **ただし** | 다만 / 단지

♦ 年中無休です。**ただし**一月一日は休業します。
연중무휴입니다. 다만 1월 1일은 휴업합니다.

| **つまり** | 즉 / 소위

439 <u>しつれい</u>ですが、年齢や職業も書いていただけませんか。

1 欠礼
2 無礼
3 失礼
4 非礼

440 子供は親の_____育ちます。

1 ふりをして
2 まねをして
3 世話をして
4 あとについて

441 今晩、家で食べる？ _____ レストランへ行く？

1 それなら
2 それに
3 それとも
4 そういえば

정답

439

3 <u>失礼</u>ですが、年齢や職業も書いていただけませんか。

실례입니다만 연령과 직업도 써주시겠습니까?

- 礼 レイ：礼 예・礼儀 예의
- 齢 レイ：年齢 연령
- 職 ショク：職業 직업・就職する 취직하다

440

2 子供は親の**まねをして**育ちます。

어린이는 부모를 흉내내면서 자랍니다.

まね	모방 / 흉내 ◆ **まねをする** 흉내를 내다
ふり	시늉 ◆ **ふりをする** 시늉을 하다
世話をする (せわをする)	보살피다 / 수발을 하다　＊世話になる 신세를 지다

441

3 今晩、家で食べる？　**それとも**レストランへ行く？

오늘 밤 집에서 먹을까? 아니면 레스토랑에 갈까?

それとも	아니면 (＝あるいは) ＊딱딱한 표현
それなら	그렇다면 (＝それでは／それじゃ)
それに	게다가 (＝そのうえ／しかも)
そういえば	그러고 보니

문제　　　　　　　　　　　　　　　　**5일째**　**제4주**

442 この電車は<u>快速</u>です。次の駅で各駅停車に乗り換えましょう。

　　1　けいそく
　　2　こうそく
　　3　けっそく
　　4　かいそく

23 □□□

443 A「パトカーが止まっていますが、あの店で何かあったんですか。」
　　B「客が店で _____ らしいですよ。」

　　1　よっぱらった
　　2　もりあがった
　　3　あふれている
　　4　あばれている

23 □□□

444 田中さんは、_____ 旅館のような大きい家に住んでいます。

　　1　たとえ
　　2　必ず
　　3　まるで
　　4　もしかすると

23 □□□

정답

442

4 この電車は**快速**です。次の駅で**各駅停車**に**乗り換え**ましょう。

이 전철은 쾌속입니다. 다음 역에서 완행 전철로 갈아 탑시다.

|快| **カイ**: 快適な 쾌적한
　　　　快速電車 쾌속전철 ※쾌속전철은 주요 역에서만 정차
|停| **テイ**: 停車する 정차하다・停止する 정지하다
　　　　停電 정전
　　　　停留所 정류장
|換| **カン**: 交換する 교환하다・換気する 환기하다
　　　か (-える): 乗り換える 갈아타다 / 환승하다

443

4 A「パトカーが**止**まっていますが、あの店で何かあったんですか。」
　　B「客が店で**あばれている**らしいですよ。」

A「순찰차가 서있습니다만 저 가게에서 무슨 일이 있었습니까?」
B「손님이 가게에서 난동을 부리고 있는 것 같아요.」

あばれる	난폭하게 굴다 / 발악하다
酔っ払う (よっぱらう)	취하다　　＊酔っ払い 술주정꾼
盛り上がる (もりあがる)	부풀어 오르다 / 높아지다

444

3 田中さんは、**まるで**旅館のような大きい家に住んでいます。

다나카 씨는 마치 여관과 같은 큰 집에서 살고 있습니다.

| **まるで~よう** | 마치 ~ 같은 |
| **たとえ~ても** | 비록 ~ 라도 |

◆ **たとえ**雨**でも**行きます。 비록 비가 와도 갑니다.

| **もしかすると~かもしれない** | 어쩌면 ~ 인지 모른다 |

◆ 彼の話はもしかするとうそかもしれない。

그의 이야기는 어쩌면 거짓일지 모른다.

문제

5 일째 | **제 4 주**

445 <u>かいさつぐち</u>の近くに精算機があって、ICカードにお金の追加ができます。

1 改札口
2 改礼口
3 政札口
4 政礼口

문자

24 □□□

446 ＿＿＿＿＿ チーズに野菜をつけて食べてください。

1 といた
2 とかした
3 くずした
4 くずれた

어휘

24 □□□

447 雨がひどくなってきた。＿＿＿＿＿、雷も鳴り始めている。

1 そのため
2 そのうえ
3 それなのに
4 それでも

문법

24 □□□

정답

445

1 <u>改札口</u>の近くに精算機があって、ICカードにお金の<u>追加</u>ができます。

개찰구 가까이에 정산기가 있어서 IC 카드에 금액을 추가할 수가 있습니다.

문자

改	**カイ** : 改札口 개찰구
	あらた (-める): 改める 새롭게 하다
	改めて 새롭게
精	**セイ** : 精算する 정산하다 · 精神 정신
追	**ツイ** : 追加する 추가하다 · 追求 추구
	お (-う): 追う 쫓다 · 追いつく 따라붙다
	追い越す 앞지르다 · 追いかける 뒤쫓아 가다

446

2 <u>溶かした</u>チーズに野菜をつけて食べてください。

녹인 치즈에 야채를 같이해서 먹어 주십시오.

어휘

溶かす	(とかす) 녹이다
	*溶ける 녹다 ◆ チーズが熱で溶ける 치즈가 열에 녹다
	*溶く 풀다 / 녹이다 ◆ 卵を溶く 달걀을 풀다
崩れる	(くずれる) 무너지다 / 붕괴하다 / 흐트러지다

447

2 雨がひどくなってきた。<u>その上</u>、雷も鳴り始めている。

비가 심해졌다. 게다가 천둥도 치기 시작하고 있다.

문법

その上	게다가 (= それに / しかも)
そのため	그 때문에 (= だから / それで / その結果)
それなのに	그런데 (= けれど(も))
それでも	그런데도 (= それにもかかわらず)

문제

448 あれは消防署で、その向こうが<u>警察署</u>です。

1 けいさい
2 かいさつ
3 けいさつ
4 かいさい

449 A「またこわしたの？」
B「ごめんなさい。でも、_____ じゃないよ。」

1 わざと
2 わざわざ
3 わりと
4 わりに

450 係員の指示通りに並んで待った。_____、チケット販売は突然中止された。

1 ところが
2 ところに
3 ところで
4 ところを

정답

448 3 あれは消防署で、その向こうが警察署です。

저것은 소방서이고 그 맞은편이 경찰서입니다.

| 警 | ケイ：警備する 경비하다・警告する 경고하다
| 察 | サツ：警察 경찰・観察する 관찰하다
| 署 | ショ：署名 서명・消防署 소방서・警察署 경찰서
　　　　　　税務署 세무서

449 1 A「また壊したの？」
  B「ごめんなさい。でも、**わざと**じゃないよ。」

A「또 부셨니?」
B「미안해. 하지만 일부러 한 것은 아니야.」

わざと 일부러 / 고의로
わざわざ 일부러 / 특별히 / 수고스럽게

- **わざわざ**持ってきてくださって、ありがとうございます。
  일부러 가져와 주셔서 감사합니다.
- **わざわざ**持ってこなくても、送ってくれればいいですよ。
  일부러 가져오지 않아도 보내주시면 됩니다.

450 1 係員の指示通りに並んで待った。**ところが**、チケット販売は突然中止された。

담당자의 지시대로 줄서서 기다렸다. 그런데 티켓 판매는 갑자기 중지되었다.

ところが 그런데 (=しかし) *예상과 반대로

- 約束の場所に行った。**ところが**、相手は来なかった。
  약속의 장소에 갔다. 그런데 상대방은 오지 않았다.

ですから 그러므로 (=だから) *존중

- 買う気はありません。**ですから**、お帰りください。
  살 생각은 없습니다. 그러므로 돌아가 주십시오.

451 いろいろなサインがありますね。「禁煙」「駐車禁止」「両替」…。

1 きんえん
2 きんねん
3 きえん
4 きねん

문자

452 3年ほどタイで生活をしましたが、なかなか_____ 経験でした。

1 えられない
2 手に入らない
3 すごせない
4 なれない

어휘

453 りんごをください。それと、みかんも。_____、バナナも。

1 もう
2 さらに
3 それで
4 あと

문법

정답

451

1 いろいろなサインがありますね。「**禁煙**」「駐車禁止」「両替」…。

여러가지 사인이 있군요.「금연」「주차금지」「환전」….

문자

| 煙 | エン：禁煙 금연・煙突 굴뚝 |
| けむり：煙 연기 |
| けむ (-る/-い)：煙る 연기가 나다・煙い 매캐하다 |
| 駐 | チュウ：駐車する 주차하다 |
| 替 | タイ：交替する 교체하다　＊為替 환율 |
| か (-える)：取り替える 교체하다 |
| 　　　　着替える 갈아입다・両替 환전 |

452

1 3年ほどタイで生活をしましたが、なかなか**得られない**経験でした。

3년 정도 태국에서 생활했습니다만 좀처럼 얻기 어려운 경험을 했습니다.

어휘

得る	(える)	얻다
手に入る	(てにはいる)	손에 들어오다　＊手に入れる 손에 넣다
過ごす	(すごす)	보내다
慣れる	(なれる)	익숙해지다

453

4 りんごをください。それと、みかんも。**あと**、バナナも。

사과를 주십시오. 그리고 감귤도. 또 바나나도.

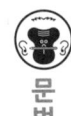
문법

それと　그리고 (＝それから)　＊회화체

♦ カラオケはちょっと…。歌が下手だし…、**それと**お金もないし…。

　가라오케는 좀…. 노래가 서툴고…, 그리고 돈도 없고….

あと　또 / 그 외에 (＝そのほかに)

♦ 掃除はしたし、洗濯もしたし、**あと**何をしたらいいかな。

　청소는 했고 세탁도 했고 또 무엇을 하면 좋을까？

문제

454 海岸のゴミ拾いを一緒にしませんか。

1 すくい
2 ひろい
3 せまい
4 おおい

455 彼のアドバイスのおかげで、悩みが＿＿＿＿解決した。

1 そっくり
2 ふと
3 ものすごく
4 いっぺんに

456 美人が必ずしも幸せになれる＿＿＿＿。

1 に限る
2 限りだ
3 とは限らない
4 には限りがある

정답

454 **2** 海岸のゴミ<u>拾い</u>を一緒にしませんか。

해안의 쓰레기 줍기를 같이 하실까요?

岸	ガン：海岸 해안
拾	ひろ(-う)：拾う 줍다 ⇔ 捨てる 버리다
緒	ショ：一緒に 함께

문자

455 **4** 彼のアドバイスのおかげで、悩みが<u>いっぺんに</u>解決した。

그의 어드바이스 덕분에 고민이 한 번에 해결되었다.

いっぺんに	한 번에 (＝一度に)
ふと	뜻밖에 / 갑자기
	◆ ふと立ち止まる 갑자기 멈추어 서다
そっくり	전부 / 몽땅 / 꼭 닮음
	◆ 兄は父とそっくりだ。 형은 아버지를 꼭 닮았다
ものすごく	매우 / 대단히
	＊「すごく」의 강조

어휘

456 **3** 美人が必ずしも幸せになれる<u>とは限らない</u>。

미인이 반드시 행복해진다고 할 수 없다.

| 必ずしも～とは限らない | 반드시 ~라고 할 수 없다 |

◆ 独身の人が**必ずしもさびしいとは限らない**。

독신자가 반드시 외롭다고 할 수 없다.

◆ 優秀な大学を出ている人が**必ずしも仕事ができるとは限らない**。

우수한 대학을 나온 사람이 반드시 일을 잘 한다고 할 수 없다.

문법

문제 　　　　　　　　　　　　　6 일째　제 4 주

457 カレーのルーには甘いのと辛いのがあります。
うちでは両方を混ぜて使います。

1　まぜて
2　なぜて
3　のぜて
4　もぜて

28 □□□

458 彼は上司にどんなにひどいことを言われても、
_____ がまんをした。

1　じっと
2　そっと
3　ざっと
4　きっと

28 □□□

459 新聞やテレビの言うことなど、_____ 信じられない。

1　少しは
2　少しも
3　少しでも
4　少しぐらい

28 □□□

정답

457

1 カレーのルーには甘いのと辛いのがあります。うちでは両方を**混ぜて使**います。

고형카레에는 순한 것과 매운 것이 있습니다. 우리집에서는 양쪽을 섞어서 사용합니다.

문자

- 混 **コン**：混雑する 혼잡하다
  - **ま** (-じる/-ざる/-ぜる)：混じる 섞이다
    - 混ざる 섞이다・混ぜる 섞다
- 甘 **あま** (-い)：甘い 달다 / 순하다
- 辛 **から** (-い)：辛い 맵다

458

1 彼は上司にどんなにひどいことを言われても、**じっと**がまんをした。

그는 상사로부터 아무리 심한 말을 들어도 꾹 참았다.

어휘

- **じっと** 꾹 / 꼼짝 않고 / 가만히
  - ◆ **じっと**がまんする 꾹 참다
  - ◆ **じっと**見る 가만히 보다
- **ざっと** 대충 / 대강
  - ◆ **ざっと**掃除する 대충 청소하다
- **きっと** 틀림없이 / 필히
  - ◆ **きっと**合格するよ。 틀림없이 합격할거야.

459

2 新聞やテレビの言うことなど、**少しも**信じられない。

신문이나 TV에서 말하는 것 따위 조금도 믿을 수 없다.

문법

- **少しも~ない** 조금도 ~ 하지 않다 (＝全然~ではない) *강조

- ◆ 人が何と言おうと、**少しも**気にならない。
  남들이 뭐라 해도 조금도 신경 쓰이지 않는다.

- ◆ 親の気持ちを娘は**少しも**理解していない。
  부모의 마음을 딸은 조금도 이해하지 못한다.

문제

제 4 주 **6 일째**

460 国が<u>こいしい</u>。

1 久しい
2 愛しい
3 等しい
4 恋しい

문자

29 ☐☐☐

461 日本語の学習者が増えている。これから日本語能力試験の受験者も＿＿＿＿＿増えるだろう。

1 そろそろ
2 ますます
3 まあまあ
4 のろのろ

어휘

29 ☐☐☐

462 たとえ家を＿＿＿＿＿、健康なら生きていける。

1 なくしても
2 なくしては
3 なくしたら
4 なくしながら

문법

29 ☐☐☐

정답

460

4 国が恋しい。

고향이 그립다.

문자

|恋| レン：失恋する 실연하다
こい：恋 사랑・恋人 연인　　こい (-しい)：恋しい 그립다
|愛| アイ：愛 사랑・愛する 사랑하다
愛情 애정
|等| トウ：1等、2等… 1등, 2등
等分する 등분하다・平等な 평등한
ひと (-しい)：等しい 동등하다 / 같다

461

2 日本語の学習者が増えている。これから日本語能力試験の受験者も ますます 増えるだろう。

일본어 학습자가 늘고 있다. 앞으로 일본어능력시험 수험자도 점점 늘어날 것이다.

어휘

|ますます| 점점
|まあまあ| 그저 / 그럭저럭

- A「試験、どうだった？」A「시험 어땠어？」
  B「**まあまあ**よかった。」B「그럭저럭 좋았어.」

462

1 たとえ家を なくしても、健康なら生きていける。

가령 집을 잃어도 건강하면 살아갈 수 있다.

문법

|たとえ~ても| 가령 ~ 해도

(＝(そんなことはないかもしれないが) もし~ても)

- **たとえ**大金をくれるといわれ**ても**、悪いことはしたくない。
  가령 큰 돈을 준다고 해도 나쁜 일은 하고 싶지 않다.

- **たとえ**彼がどろぼうだったとし**ても**、愛情は変わらないだろう。
  비록 그가 도둑이었다 해도 애정은 변함이 없을 것이다.

문제

463 家族を空港に迎えに行きますので、早退させていただけませんか。

1　むかえ
2　うかえ
3　ぬかえ
4　もかえ

464 ＿＿＿＿＿ 言うと、私はあんまり英語ができません。

1　すなおに
2　まじめに
3　てきとうに
4　しょうじきに

465 ＿＿＿＿＿ ほめない人にほめられるとうれしい。

1　めったに
2　たまに
3　けっして
4　かなりに

정답

463

1 家族を空港に迎えに行きますので、早退させて頂けませんか。

공항에 가족을 마중가야 하니까 조퇴시켜 주시겠습니까?

迎	**ゲイ**: 歓迎する 환영하다
	むか (-える): 迎える 마중하다
退	**タイ**: 退学する 퇴학하다・辞退する 사퇴하다
頂	**チョウ**: 頂上 정상
	いただ (-く): 頂く 받다

464

4 <u>正直</u>に言うと、私はあんまり英語ができません。

솔직히 말하면 나는 그다지 영어를 하지 못합니다.

正直な (しょうじきな)	솔직한 / 정직한
素直な (すなおな)	순진한 / 순수한
適当な (てきとうな)	적당한
真面目な (まじめな)	진지한 / 성실한

465

1 <u>めったに</u>ほめない<u>人</u>にほめられるとうれしい。

좀처럼 칭찬하지 않는 사람에게 칭찬을 받으면 기쁘다.

めったに~ない 좀처럼 ~ 하지 않다

◆ うちは**めったに**家族で旅行を**しない**。

우리집은 좀처럼 가족여행을 하지 않는다.

◆ 父は**めったに**怒ら**ない**。

아버지는 좀처럼 화내지 않는다.

7일째 제4주

466 本を３<u>さつ</u>読みました。→ 379

1　冊　　　　　2　枚

1 ☐☐☐

467 今夜、おもしろいテレビ<u>ばんぐみ</u>がある。→ 382

1　晩組　　　　2　番組

2 ☐☐☐

468 １万円札、_____ くれませんか。→ 389

1　くずれて　　　2　くずして

1 ☐☐☐

469 A「あれ、いつものゲーム、していないの？」
B「やりすぎて、もう _____ よ。」→ 407

1　あきちゃった　　2　あきれちゃった

2 ☐☐☐

470 じゅうぶん間に合うから、あわてる _____ 。→ 420

1　ことだ　　　　2　ことはない

1 ☐☐☐

471 漢字は勉強すればする _____ おもしろい。→ 387

1　ほど　　　　　2　くらい

2 ☐☐☐

문자
어휘
문법

문제

472 泳ぐ前と後にシャワーを<u>あびる</u>。→ 388

　　1　涼びる　　　　　2　浴びる

　　　　　　　　　　　　　　　3 ☐☐☐

473 <u>そうじ</u>と洗濯が終わったら買い物に行く。→ 397

　　1　掃除　　　　　　2　婦除

　　　　　　　　　　　　　　　4 ☐☐☐

474 ＿＿＿＿＿ いない犬が多くて困る。→ 410

　　1　そだてられて　　2　しつけられて

　　　　　　　　　　　　　　　3 ☐☐☐

475 おとなしくしていて、＿＿＿＿＿子供だね。→ 431

　　1　行儀のいい　　　2　行儀正しい

　　　　　　　　　　　　　　　4 ☐☐☐

476 昨日、騒いで声を出しすぎた＿＿＿＿＿、のどが痛い。

→ 387

　　1　くせに　　　　　2　せいか

　　　　　　　　　　　　　　　3 ☐☐☐

477 ここまできたら＿＿＿＿＿から、とにかくやってみよう。

→ 390

　　1　やるしかない　　2　やってもしかたない

　　　　　　　　　　　　　　　4 ☐☐☐

앞 페이지 정답　466 1　467 2　468 2　469 1　470 2　471 1

478 危険ですから、入ってはいけません。→ 397

1 きけん　　　　2 きげん

479 歯医者を予約する。→ 409

1 よやく　　　　2 ようやく

480 長い間使っていた掃除機だったが、＿＿＿＿壊れてしまった。→ 419

1 やっと　　　　2 とうとう

481 A「今日、遅刻したんじゃない？」→ 386
B「＿＿＿＿だったけれど、間に合ったよ。」

1 ぎりぎり　　　　2 どきどき

482 田中さんから電話があったのは、私が夕飯を＿＿＿＿ときだった。→ 384

1 食べようとする　　　　2 食べかけた

483 この小説は短いので、一日で＿＿＿＿でしょう。→ 384

1 読みきれる　　　　2 読みっきり

앞 페이지 정답　472 ② 　473 ① 　474 ② 　475 ① 　476 ② 　477 ①

문제

484 むすこを育てる。→ 388
1 息子
2 島子

485 最後に塩を加えます。→ 391
1 くわえます
2 こわえます

486 いくらかせいでも、お金は＿＿＿＿。→ 395
1 つもらない
2 たまらない

487 テレビが見えないから、そこ、＿＿＿＿よ。→ 389
1 ゆずって
2 どいて

488 どこへ行っていたの？どんなにさがした＿＿＿＿。→ 411
1 ことか
2 ことだ

489 さっきは電話に出られなくてごめんなさい。ちょっと手が離せなかった＿＿＿＿。→ 426
1 んだもん
2 ものだから

490 数を<u>数え</u>ます。
1 かずえます　　2 かぞえます

491 国によって<u>しゅうかん</u>が違う。
1 習慣　　2 週刊

492 外にまでお客さんが _____ けれど、特別なセールなのかな。
1 あふれている　　2 もりあがっている

493 間違いは _____ 認めたほうがいいよ。
1 素直に　　2 真面目に

494 あの人から返信がないなんて、_____ 、メールを読んでいないのかもしれない。
1 もしかすると　　2 かならずしも

495 彼は動物にくわしくて、_____ 学者のようだ。
1 わりに　　2 まるで

문제

496 彼は<u>正直</u>な人だ。 → 415

1 しょうじき　　2 そっちょく

11 □□□

497 <u>毛布</u>を洗う。 → 421

1 もうふ　　2 まおふ

12 □□□

498 ＿＿＿＿＿ 車で迎えに来てくださりありがとうございます。 → 449

1 わざと　　2 わざわざ

11 □□□

499 さっきから、あの人に ＿＿＿＿＿ 見られていて嫌だ。 → 458

1 じっと　　2 ざっと

12 □□□

500 しめきりに間に合う ＿＿＿＿＿ 必死でレポートを書き上げた。 → 414

1 ために　　2 ように

11 □□□

자 료

한자 목록

품사별 어휘 목록

문형·문법 항목 목록

한자 목록

◆ 「정답」페이지의 □에서 소개된 한자를 총획수 별로 나타내고 있습니다.

◆ 숫자는 문제 번호입니다.

3획
久	135
丸	421

4획
夫	31
介	40
比	67
公	88
反	141
王	201
支	207
欠	210
毛	296
化	323
予	409

5획
申	4
由	4
札	61
石	79
末	150
付	168
史	183
守	192
示	204
失	210
込	257
未	272
必	278
打	290
他	329
冊	379
加	391
布	421
払	424
辺	427
可	436
礼	439
甘	457

6획
向	10
曲	16
次	16
危	19
机	28
式	37
各	64
再	73
寺	82
伝	85
両	132
汚	138
忙	147
血	153
因	174
成	186
存	186
交	251
在	254
団	260
虫	269
糸	296
争	305
件	385
宅	403
当	424

7획
局	1
初	4
束	46
技	52
角	55
助	70
君	76
対	141
貝	150
困	153
冷	168
忘	174
折	195
身	213
求	266
告	266
形	284
投	290
決	311
防	323
完	332
吹	375
希	403
役	412
卵	430
快	442
改	445
辛	457
迎	463

8획
届	7
果	10
昔	13
参	19
彼	37
卒	37
妻	40
定	43
念	58
泊	64
性	67
易	70
受	73
枚	79
供	88
呼	129
育	138
泳	138
苦	144
若	144
制	159
協	162
油	174
実	180
表	198
幸	201
例	257
的	260
治	269
法	269
券	287
並	287
非	302

282

具	308	活	260	原	159	婚	46	停	442			
乳	320	型	284	差	251	船	49	混	457			
泣	335	係	287	記	257	術	52	頂	463			
波	375	負	290	容	266	販	61					
杯	379	香	296	根	299	細	61	**12획**				
数	391	草	299	造	308	接	73	越	1			
任	394	段	302	流	314	婦	129	落	7			
効	406	科	317	凍	326	第	156	港	31			
直	415	砂	320	庫	326	涼	165	絵	31			
岸	454	厚	338	値	329	窓	165	割	34			
		約	409	修	332	雪	171	遅	34			
9획		級	421	笑	335	現	180	結	46			
信	16	星	427	倍	338	規	192	渡	55			
単	22	畑	430	息	388	械	195	普	64			
要	22	政	433	娘	388	敗	210	遊	88			
故	34	追	445	浴	388	断	272	覚	126			
変	43	拾	454	配	391	情	281	葉	144			
飛	49	退	463	除	397	経	293	最	147			
美	52			眠	406	済	293	無	147			
客	67	**10획**		消	409	移	314	歯	153			
皆	85	財	7	留	412	球	323	復	156			
神	135	荷	13	速	418	商	329	悲	165			
昨	171	馬	13	徒	433	組	382	温	168			
査	177	席	58	能	436	険	397	晴	171			
保	186	残	58	恋	460	掃	397	検	177			
相	189	格	76			捨	400	費	189			
則	192	個	79	**11획**		猫	400	税	189			
面	204	庭	82	郵	1	望	403	期	207			
指	204	師	129	菓	10	章	415	登	213			
限	207	案	132	宿	28	側	418	備	263			
独	213	連	135	紹	40	深	433	満	272			
点	251	島	150	授	43	常	436	減	275			

量	275	塩	320	熱	76	**20획**	
絡	278	路	382	課	156	議	311
報	281	想	385	調	162		
植	284	感	385	選	180		
階	302	夢	412	論	183		
勝	305	園	418	確	198		
過	314	農	430	談	278		
達	317	署	448	震	281		
営	332	煙	451	器	308		
焼	338	愛	460	蔵	326		
雲	375			箱	379		
勤	382	**14획**		駐	451		
散	400	雑	25				
痛	406	誌	25	**16획**			
給	424	静	82	機	49		
然	427	様	85	橋	55		
換	442	練	126	輸	141		
替	451	製	159	**17획**			
等	460	歴	183	辞	25		
		増	275	優	70		
13획		関	293	齢	439		
置	28	種	299				
続	126	際	311	**18획**			
暖	132	鳴	335	簡	22		
禁	177	慣	394	類	195		
違	198	算	394	観	263		
福	201	精	445	難	415		
預	254	察	448	職	439		
資	254	緒	454				
準	263			**19획**			
戦	305	**15획**		願	162		
解	317	線	19	警	448		

품사별 어휘 목록

◆ 「정답」 페이지에서 소개된 어휘를 품사별로 나타내고 있습니다.

◆ 숫자는 문제 번호입니다.

동사

あいさつする	14	遠慮する	65	くせになる	306
あきらめる	74	怒る	14	くっつける	53
あきる	74, 407	おごる	327	工夫する	175
あきれる	74, 407	おじゃまする	29	くり返す	306
空く	26	おそう	154	苦しむ	139
預かる	398	教わる	154	謙そんする	65
預ける	193	落ち着く	38	凍る	202
与える	398	思いつく	38	こする	336
集める	267	解決する	175	断る	294
あばれる	443	重ねる	211	こぼれる	434
あふれる	434	かせぐ	327	転ぶ	44
甘やかす	410	片付ける	59	冷める	202
余る	26	固める	428	しつける	410
謝る	14	語り合う	169	失礼する	65
言い合う	169	かぶせる	437	しぼる	392
いためる	324	枯れる	279	湿らせる	413
嫌がる	294, 407	かわいがる	410	しゃべる	169
受け入れる	258	乾かす	413	修理する	175
受け付ける	258	気がある	330	使用する	175
受け取る	258	気がする	261	承知する	65
受け持つ	258	刻む	324	すく	26
うそをつく	8	気に入る	181	過ごす	452
写す	8	気にかける	181	済ませる	312
移す	8	気にする	181	済む	312
埋める	267	気になる	181	世話をする	440
得る	452	嫌う	294	育てる	398
		くずす	389	そろう	300
		崩れる	446	倒れる	44

285

助ける	184	慣れる	452	迎える	11, 184
たたむ	211	煮る	50	むく	50, 324
たまる	395	ぬう	53	むす	324
ためになる	306	抜く	53	結ぶ	53
縮める	211	ぬらす	413	もうかる	327
注意する	14	残る	26	もてる	330
散らかる	59	量る	145	もどる	300
散る	279	外す	389	盛り上がる	443
ついている	339	話しかける	169	雇う	193
付き合う	294	省く	425	ゆずる	380
包む	285	流行る	395	ゆでる	50
勤める	193	張り切る	38	ゆれる	333
つながる	300	冷える	202	汚れる	59
つなぐ	380	ひねる	336	酔っ払う	443
つぶす	392	広げる	211	了解する	29
つぶれる	44	含める	267	わく	434
詰める	285	増やす	145	渡す	380
積もる	285	ふる	330		
つるす	428	ふるえる	333		
手に入る	452	減らす	145	**イ형용사**	
通りかかる	276	干す	437		
通り過ぎる	276	ほどく	336	怪しい	151
とかす	392	ましになる	339	あわただしい	80
溶かす	446	混ぜる	193	薄暗い	303
得をする	327	まとめる	267	うらやましい	208
どける	389	学ぶ	154	うるさい	318
届く	11, 300	間に合う	11	おしい	208, 339
飛び込む	276	招く	184	おとなしい	80, 404
飛び出す	276	回す	380	きつい	383
なでる	333	見送る	184	きびしい	41
怠ける	425	見直す	38	くだらない	151
なめる	333	向かう	11	くやしい	208

くわしい	41	上手な	23	うっかり	205
険しい	41, 318	上等な	23	うろうろ	270
さわがしい	190	素直な	464	がっかり	205
しつこい	151	ぜいたくな	148	かなり	157
しょうがない	255	そっくり	455	がらがら	270
ずうずうしい	190	確かな	422	きちんと	282
ずるい	208	適当な	464	きっと	458
そそっかしい	404	得意な	23	ぎりぎり	386
すごい	157	生意気な	291	ぐっすり	401
だらしない	151	のんきな	291	こっそり	309
つらい	139	貧乏な	148	先に	32
とんでもない	255	不安な	422	さっと	142
苦い	139	不幸な	288	ざっと	458
ばからしい	318	無事な	252	さっぱり	309
はげしい	190	不満な	288	しいんと	282
人なつっこい	404	不要な	288	しっかり	205
まぶしい	80	平気な	252	じっと	142, 458
みにくい	139	ほがらかな	80	しばらく	32
もったいない	148	まじめな	252	すっかり	205
礼儀正しい	431	真面目な	464	すっきり	401
		真っ暗な	303	すべて	20
ナ형용사		真っ黒な	303	せっかく~のに	166
		楽な	383	ぜひ	416
あいまいな	422	利口な	404	そっと	142
いいかげんな	56			そろそろ	130, 270
意地悪な	291	**부사**		大した	157
主な	157			大したことがない	56
気の毒な	56	あちこち	35	確か	86
下品な	291	あっさり	309	確かに	86
健康な	252	いきなり	166, 419	たまに	273, 416
高級な	23, 178	いっぺんに	455	ついに	273, 416
正直な	464	いらいら	386	次々に	20

어휘

語	ページ
とうとう	419
どきどき	386
どこか	35
どこでも	35
ところどころ	20
とたんに	416
とにかく	166
どんどん	130
後ほど	32
のろのろ	130, 270, 386
はきはき	196
ぴかぴか	133
びっしょり	401
ぶつぶつ	196
ふと	455
ふらふら	133
ぶらぶら	130
ぺこぺこ	133
ぺらぺら	133, 196
ほっと	142
まあまあ	20, 461
まず	273
ますます	461
間もなく	32
万が一	419
ものすごく	455
やっと	419
わざと	282, 449
わざわざ	449
割に	273

名詞

語	ページ
アイデア	17
当たり前	306
アナウンス	264
〜行き	160
イメージ	127
インタビュー	264
打ち合わせ	163
売り上げ	62
売り切れ	62
売り出し	62
売り場	62
遠慮	321
片付け	315
格好	172
かび	68
考え	261
感じ	261
休業	199
休憩	199
休講	199
休日	199
具合	214
組み合わせ	163
〜券	83
心	261
サイン	127
〜先	160
作文	136
仕上がり	315
事情	214

語	ページ
支度	315
次男	47
上級	178
症状	172
書物	136
末っ子	47
スピーチ	264
スマート	377
態度	172
地方	89
チャンス	17
中央	71
中間	71
中旬	71
中心	71
長男	47
〜賃	83
都合	214
テーマ	17
でたらめ	422
テンポ	127
問い合わせ	163
土地	89
〜止まり	160
生	50
人気	178
ノート	187
はげ	68
〜発	160
バランス	17
ハンサム	377
ひげ	68

ひじ	68
一人っ子(ひとりこ)	47
ファッション	377
不平(ふへい)	288
ふり	440
プリント	187
文学(ぶんがく)	136
方向(ほうこう)	89
本物(ほんもの)	178
待ち合わせ(まちあわせ)	163
まね	440
向き(むき)	89
メモ	187
物語(ものがたり)	136
文句(もんく)	297
ユニーク	377
用事(ようじ)	315
様子(ようす)	172
レベル	127
レポート	187, 264
連絡(れんらく)	214
わがまま	297

회화표현 등

おかげさまで	255
おかまいなく	321
かしこまりました	29

289

문형·문법 항목 목록

♦ 「정답」페이지에서 소개하고 있는 문형이나 문법 항목을 あいうえお순으로 나타내고 있습니다.

♦ 숫자는 문제 번호입니다.

あ

ああ	185
ああいう	185
ああいうふうな	185
V 上げる	200
あと	453
いたす	87
～うちに	316
V 得ない	325
V 得る	325
～おかげで	328
お V ください	90
お V する	84
おそらく～だろう	179
お V になる	84

か

V かける	384
～がする	164
～かなあ	42
必ずしも～とは限らない	456
N₁ から N₂ にかけて	310
～がる	170
～かわりに	381
V 切る	384
～くせに	328
決して～ない	435
こう	185
こういう	185
こういうふうな	185
ご V ください	215
ご存知じゃありません	212
ご存知です	212
～ことから	429
V ことにする	149
V ことになる	149
～ことは～が…	295

さ

～最中に	289
～さえ…ば	402
V しかない	57
～してくれと言う	203
～してくれと言われる	203
～してくれと頼まれる	203
V しろって（言う）	197
V しろと（言う）	197
少しも～ない	459
V ずに V	36
～せいか	387
～せいで	328
絶対に～ない	435
そう	185
そういう	185
そういうふうな	185
そういえば	441
その上	447
そのため	447

それで	438	〜っけ？	307
それでも	447	Vっぱなし	146
それと	453	〜っぽい	307
それとも	441	つまり	438
それなのに	447	（つまり）〜ということだ	423
それなら	441	Vていただけませんか	81
それに	441	Vている	155
存じております	212	Vてくださいませんか	206
存じません	212	Vてくれてありがとう	9
		Vてごらん（なさい）	182

た

Vた（か）と思うと	399	N（で）さえ	51
Vた（か）と思ったら	399	ですから	450
Vたがる	173	Vてなんか	54
ただし	438	Vてばかりいる	6
だって	438	V₁てはじめてV₂	253
（だって）〜もの	304	Vてほしい	45
（だって）〜もん	304	〜ても…	33
〜たて	128	〜でも…	33
たとえ〜ても	313, 444, 462	〜といい	152
Vたところ	334	〜といい（のに）なあ	256
Vたとたん（に）	292	aというかb	277
Vたものだ	3	〜ということだ	396
〜たら（いいのに）なあ	256	ということは	286
〜たら…のに	274	〜というと	60
Vたらよかった	271	というと	286
Vたらよかったのに	274	というのは	286
Vたりする	188	aというよりb	277
V₁たりV₂たりする	188	〜と言えば	60
〜だろうと思う	18	〜といっても	277
ちっとも〜ない	179	どう	185
Vちゃいけない	12	どういう	185
Vちゃう	15	どういうふうな	185
〜ついでに	289	Vとおり（に）	393
N（っ）きり	134	Nどおり（に）	393
		〜とか	304

Vとく	15
ところが	450
〜ところを	334
Nとして	280
Nとしては	280
Nとしても	280
〜とのことだ	396
どれだけVたことか	411
どんなにVたことか	411

な

〜ないかなあ	42
Vないこと	417
Vないことだ	417
〜ないことはない	325
〜ないこともない	325
Vないと	176
Vないよう（に）	48
Vないように…	265
Vなくちゃ	176
なさる	87
Nなど	54
〜など	402
Nなんか	54
〜なんか	402
〜なんて	402
何度Vたことか	411
Nにおいて	63
Nに応じて	405
Nにおける	63
Nに関して	66
Nに関する	66
〜に決まっている	331
〜に比べて	69
〜に加えて	69

Nにしたら	376
〜にしては	340
〜にしても	340
Nにすれば	376
Nに対して	376
〜に違いない	331, 408
Nについて	337
Nにとって	337
Nによって	75, 337
Nによると	337
Nによれば	337
Nにわたって	310
〜の	27
Nのこと	30
Nのたびに	292
Nのとおり（に）	393
Nのわりには	405

は

〜ば（いいのに）なあ	256
N₁ばかりかN₂も	298
N₁ばかりではなくN₂も	298
〜はず	78
〜ば…のに	274
（〜ば）〜ほど	387
N₁はもちろんN₂も	298
Vばよかった	271
Vばよかったのに	274
〜ふりをする	143
〜べきだ	319
〜べきではない	319
〜ほど	140, 259
Nほど…はない	259

ま

～まい	408
～まいか	408
Ｖますように	72
Ｖませんように	72
全く～ない	435
～まで…	137
まるで～よう	444
～み	131
めったに～ない	179, 435, 465
(もう少しで) Ｖるところだった	268
もしかすると～かもしれない	444
(もし) ～としたら	283
(もし) ～としても	283
(もし) ～とすれば	283
～ものだ	411
～ものだから	426

や

Ｖようと思う	21
Ｖようとしたとき (に)	161
Ｖようとしない	262
Ｖようとする	262
ＶようにＶる	414

ら

～らしい	158
Ｎらしい	167
Ｖられる	191, 194
Ｖられる	209
Ｖること	417
Ｖることだ	417
Ｖることになっている	301
Ｖることはない	420
Ｖるしかない	390
Ｖるたびに	292
Ｖつもりだった	24
Ｖるな	39
Ｖるなと (言う)	197
Ｖるように…	265
Ｖるようにしている	432
Ｖるよりほか (は) ない	390

わ

～わけがない	322
～わけだ	319
～わけではない	319
～わけない	322
～わけにはいかない	322
～わけにもいかない	322
～わけはない	322
～わりには	340
Ｎを通じて	393
Ｎを通して	393
～んだって	304

EJU는 물론
JLPT, 대학 독자 시험까지!

유명입시학원 메코시코주쿠에서
노하우를 담아 만든 일본어 문법 교재!

일본유학시험
일본어문법과 표현

기초에서 초일류 대학 입시 레벨까지!

글로벌 인재육성, 1984년설립
(주)해외교육사업단

EJU 일본어 문법, 기초부터 착실하게!
국문법과 일본어교육문법 병용
일목요연한 시각적 편집
쉬운 예문에서 기출문제까지
보충해설로 상세한 설명
무료 음성파일 제공
일러스트로 시각적 이해력 UP
1,200개 이상의 확인테스트 제공

**일본어문법과 표현으로
EJU 완벽대비!**
일본어 문법 완벽 마스터해서
EJU 및 대학 독자 시험 고득점 하자!

유명 서점 절찬 판매중!

일본 유학은 HED 와 상담하세요.

1984년부터 많은 스토리를 만들어 왔습니다.
각 분야의 전문 사이트 참조

한국유학개발원
www.hed.co.kr

일본대학교정보센터
www.univ-hed.co.kr

일본대학원정보센터
www.grad-hed.co.kr

일본전문학교정보센터
www.prof-hed.co.kr

일본중고등학교정보센터
www.high-hed.co.kr

홈스테이인재팬
www.homestay-in-japan.co.kr

< 기타 개별 학교 사이트 >

- 동경외어전문학교 : www.tflc.co.kr
- 관서외어전문학교 : www.kansaicollege.co.kr
- 인터컬트일본어학교 : www.inter-cult.co.kr
- 아크아카데미어학교 : www.arc-korea.co.kr
- 중앙공학교부속어학교 : www.chuojalan.co.kr
- 메이케이학원고등학교 : www.meikeiheigh.co.kr
- 쇼린고등학교 : www.shorinhigh.co.kr
- 센다이이쿠에이고 : www.sendai-high.co.kr
- 오사카 건국고등학교 : www.keongkuk.co.kr
- 코리아국제고등학교 : www.kiskorea.co.kr

< 문의 / 접수 > HED 한국유학개발원 / 전화 : 02-552-1010 / 이메일 : hedc@hed.co.kr
주소 : 서울특별시 서초구 강남대로 381, 두산빌딩 709 호 (강남역 6 번 , 7 번 출구 사이)

필승합격 일본어능력시험

문자 · 어휘 · 문법 500 문 N3

초 판 발 행 일 : 2022년 03월 25일(1쇄)

저　　　　자 : 마쓰모토 노리코 · 사사키 히토코

발　행　인 : 송 부 영

발　행　처 : (주)해외교육사업단

출 판 등 록 : 제16-1456호

주　　　소 : 서울특별시 서초구 강남대로 381, (두산709호)

전　　　화 : 02-736-1010

이　메　일 : song@hed.co.kr

홈 페 이 지 : www.hedgroup.co.kr

*본사에서는 소중한 원고, 새로운 기획의 제안을 기다리고 있습니다.
*이 책은 저작권법에 의해 보호를 받는 저작물이므로 무단 전재와 복제를 금합니다.
*잘못된 책은 구입하신 서점이나 본사에서 교환해드립니다.

ⓒNoriko Matsumoto, Hitoko Sasaki 2015

Originally Published in Japan by ASK Publishing Co., Ltd., Tokyo